I0686745

Contraste insuffisant
NF Z 43-120-14

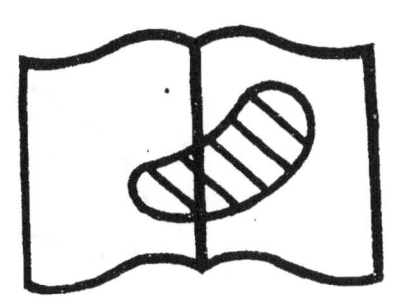

Illisibilité partielle

Valable pour tout ou partie
du document reproduit

Original en couleur
NF Z 43-120-8

Couverture inférieure manquante

A Monsieur Léopold Delisle, hommage affectueux

BIBLIOTHÈQUE LITURGIQUE

TOME CINQUIÈME — 4e LIVRAISON

AUTOUR DES ORIGINES

DU

SUAIRE DE LIREY

AVEC DOCUMENTS INÉDITS

PAR

Le Chanoine ULYSSE CHEVALIER

Correspondant de l'Institut.

PARIS

ALPHONSE PICARD et FILS, LIBRAIRES

82, RUE BONAPARTE, 82

1903

(14)

AUTOUR DES ORIGINES

DU

SUAIRE DE LIREY

AVEC DOCUMENTS INÉDITS

IMPRIMATUR.

Lugduni, die 15ª januarii 1903.

P. DADOLLE, vic. gen.

BIBLIOTHÈQUE LITURGIQUE

TOME CINQUIÈME — 4ᵉ LIVRAISON

AUTOUR DES ORIGINES

DU

SUAIRE DE LIREY

AVEC DOCUMENTS INÉDITS

PAR

Le Chanoine ULYSSE CHEVALIER

Correspondant de l'Institut.

PARIS

ALPHONSE PICARD ᴇᴛ FILS, LIBRAIRES

82, RUE BONAPARTE, 82

—

1903

AUTOUR

DES

ORIGINES DU SUAIRE DE TURIN

AVEC DOCUMENTS INÉDITS

L'Académie des Sciences de Lyon me permettra, à raison
du bruit qui s'est prolongé au sujet du Suaire de Turin,
de l'entretenir un instant de l'histoire des origines de cette
relique.

Elle n'a point oublié l'assurance que donna au monde
savant M. Léop. Delisle, à la séance de l'Académie des Inscriptions et Belles-Lettres du 25 avril dernier : les arguments de mon *Étude critique sur l'origine du Sᵗ Suaire
de Lirey-Chambéry-Turin* lui paraissaient « avoir jusqu'ici
conservé leur valeur[1] ». Cette déclaration visait la séance
précédente de l'Académie des Sciences (du 21), où M. Yves
Delage avait présenté en grand appareil le mémoire contra-
dictoire de M. Vignon[2]. La littérature de ce sujet passionnant
doit compter présentement 3000 numéros environ. Dans
ce nombre, combien d'opuscules ou d'articles ont une valeur

---

[1] *Comptes rendus des séances de l'Académie des Inscriptions et Belles-
Lettres* (1902), p. 343.
[2] *Comptes rendus des séances de l'Académie des Sciences* (1902), t. CXXXIV,
p. 902-4; il n'y a pas un mot qui s'applique au Suaire de Turin.

réelle? Fort peu, pour deux causes : les maîtrises et juran-
des n'existant plus, quiconque sait tenir une plume se croit
autorisé à dire son mot sur une question quelconque ; de
plus, certains catholiques ne savent pas assez se défendre de
toute passion pour glorifier leurs pieuses croyances.

Je crois superflu de rappeler les hypothèses à l'aide desquelles on a voulu authentiquer un linceul qui aurait servi à
l'ensevelissement du Christ : elles appartiennent à un ordre
d'idées auquel la science historique est étrangère. Il n'en
reste plus rien aujourd'hui : il a suffi d'établir, à l'aide des
Evangiles, confirmés par la tradition judaïque, dans quelles
conditions Jésus a été déposé dans le sépulcre[1], la nature
des aromates dont il fut enduit[2], l'état lui-même du linceul
photographié en 1898[3], pour leur enlever toute valeur
démonstrative.

Si j'ai poursuivi la lutte dans une série de brochures[4],
c'est par un sentiment qui avoisine le patriotisme : sans

[1] Souvier (P.), Le Suaire de Turin et l'Evangile (extraits de La Quinzaine);
La Chapelle-Montligeon, 1902, 2 p. gr. in-8° de 16 et 16 p. — Chevalier
(Ulysse), Le Saint-Suaire de Turin et le Nouveau Testament (extrait de la
Revue Biblique); Paris, 1902, gr. in-8° de 10 p. traduit en anglais par le
Rév. Jos. M. Flynn, dans le Pilot de Boston, n° du 30 oct. 1902. —
Bellet (M⁰ᵣ Ch.-F.), Le Saint Suaire de Turin et les textes évangéliques
(extrait de l'Art et l'Autel); Paris, 1903, gr. in-8° de 22 p.

[2] Chevalier (U.), ouvr. cité. — Mely (F. de), Le Saint Suaire de Turin
et l'Aloétine; Paris, 1902, in-8° de 7 p. — Saint-Lager (Dr), La perfidie
des homonymes : aloès purgatif et bois d'aloès aromatique ; Lyon, [1903],
gr. in-8° de 12 p.

[3] Chopin (Hippol.), Le Saint-Suaire de Turin photographié à l'envers;
Paris, 1902, gr. in-8° de 15 p. — Le même, Le Saint-Suaire de Turin avant
et après 1534; Paris, 1902, gr. in-8° de 15 p. — Bellet (M⁰ᵣ Charl.-Fél.),
Le Saint-Suaire de Turin, son image positive (extrait de L'Université
cathol.); Paris, 1902, gr. in-8° de 16 p.

[4] Le Saint Suaire de Turin (extrait de l'Art et l'Autel); Paris, [1902],
in-8° de 1 f.-15 p. — Le Saint Suaire de Turin, histoire d'une relique
(extrait des Etudes histor. et relig. du dioc. de Bayonne); Paris, 1902,
gr. in-8° de 19 p. — Le Linceul du Christ (extrait des Pet. Annales de
St-Vincent-de-Paul); Paris, 1902, gr. in-8° de 8 p.

chauvinisme outré, il m'a semblé que dans cette question, à laquelle la presse a procuré une importance exagérée, il convenait que la France exerçât elle-même la critique et ne la laissât pas porter, comme on l'a vu à l'occasion de divers faux, devant des Académies étrangères, Berlin ou Munich.

Une nouvelle édition de mon *Étude critique*, qui comprendra en même temps l'histoire de la controverse, sera augmentée de plusieurs documents, qu'on trouvera dès maintenant ici en appendice : tous sont favorables à la thèse de la non authenticité du Suaire; aucun ne lui est opposé.

On sait à l'aide de quels arguments successifs on a cherché à éluder la force probante des bulles de Clément VII publiées dans mon *Étude critique* : on les a accusées de manquer d'authenticité, puis d'autorité, enfin de vérité. Tout en étant convaincu de l'authenticité de ces bulles, je cherchai dès le début à en retrouver les expéditions originales ou, mieux encore, leur enregistrement dans la série dite d'Avignon aux archives Vaticanes. M. de Manteyér en avait découvert une[1], qui me permit d'être affirmatif à l'égard de l'authenticité de tout le dossier. Dans la suite, empêché d'aller moi-même rechercher les autres à Rome, je priai un chapelain de Saint-Louis-des-Français et un R. P. Bénédictin de vouloir bien s'en enquérir. Le résultat de leurs investigations intelligentes a dépassé mes espérances : ils ont retrouvé les pièces connues et d'autres encore. Dès le 15 novembre, je signalai une des découvertes du chapelain de Saint-Louis[2]. La reconnaissance, non moins que la loyauté, me firent un devoir de désigner l'heureux chercheur, M. l'abbé Mollat, par son nom, en mentionnant la date de son envoi (21 octobre). Un

---

[1] Appendice, lettre I (= N).
[2] *Université catholique* de Lyon (1902), t. XLI, p. 431.

tenant de l'authenticité du Suaire, M. du Teil, correspondant de la Société des antiquaires de France, a saisi au vol
cette indication pour faire demander à M. Mollat une copie
de tous les documents, et M. A. Loth s'est empressé de
signaler aux lecteurs de la *Vérité française*[1] ces découvertes
comme renversant ma thèse historique, de même qu'une
précédente communication du même M. du Teil[2] avait fait
déclarer par M. Bidou cette thèse remaniable « de fond en
comble[3] ». On prend souvent ses désirs pour des réalités ;
le fait est que, malgré les expressions fort peu mesurées de
M. Loth et la conclusion trop hâtive de M. Bidou, on n'a
rien démoli du tout. Le mot du R. P. Thurston reste vrai :
« Démonstration historique strictement établie et dont
aucun détail, même de peu d'importance, n'a été ébranlé par
les arguments des adversaires[4] ».

Pour en faire la preuve, il suffira de suivre chronologique-
ment la série des documents qui me sont parvenus. Le premier lot est dû aux recherches persévérantes d'un docte
Bénédictin, le R. P. dom Ursmer Berlière, directeur de
l'école Belge à Rome. D'abord, deux requêtes de Geoffroy
de Charny, chevalier, seigneur de Lirey au diocèse de
Troyes, en faveur de la collégiale qu'il avait fait construire
à Lirey, paroisse de Saint-Jean-de-Bonneval[5]. Par leur date
(16 et 26 avril 1349) elles relèguent à tout jamais au rang
des fables le vœu qu'il aurait fait durant sa captivité
(1er janvier 1350) d'édifier cette maison religieuse. La

---

[1] N° du 27-8 décembre 1902, 5e col.
[2] *Bulletin de la Société des antiquaires de France* (1902), p. 214. TEIL
(Jos. du), *Autour du Saint-Suaire de Lirey...*; Paris, 1902, in-8° de 2 f.-
28 p.
[3] *Revue de l'Institut catholique de Paris* (1902), t. VII, p. 471.
[4] *A propos du Saint-Suaire de Turin* (extrait de la *Revue du clergé fran-
çais*, 15 nov. et 15 déc.); Paris, 1902, in-8°, p. 37.
[5] Appendice, lettres A et B.

réponse *(Fiat)*, qui suit la plupart des articles, semble prouver que la curie fit droit aux demandes de Geoffroy, mais on n'a pas constaté que la concession ait revêtu sous Clément VI la forme des bulles. Par contre, les rubriques d'un volume de la deuxième année d'Innocent VI indiquent six bulles de ce pape, expédiées en conformité aux requêtes présentées à son prédécesseur[1] : mon *Étude critique* en signalait quatre (p. 22). En outre, une bulle d'indulgences a été découverte, datée du 3 août 1354[2]. J'avais déjà signalé[3] celle du 5 juin 1357, accordée à Avignon par douze évêques, la plupart titulaires[4].

Je précise de nouveau, pour qu'on n'en ignore, que dans tous ces documents il n'y a pas un seul mot qui puisse se rapporter, de près ou de loin, au Suaire, que l'on continue à prétendre déposé et vénéré dans la collégiale à cette époque. Pas un mot non plus dans les anniversaires du fondateur de la collégiale[5].

La relique semble bien cependant avoir été donnée par Geoffroy I de Charny, mais elle n'eut de renommée qu'après sa mort (26 mars 1356) et aucun document n'en parle antérieurement à 1389. Tout ce qu'on en sait jusqu'à cette date se trouve dans le Mémoire, aujourd'hui fameux, de Pierre d'Arcis[6], qu'on a cherché à discréditer ligne par ligne. De ce que l'original, expédié à la cour d'Avignon, n'a pas été retrouvé au Vatican dans le fonds des cassettes, où M. Mollat

---

[1] Appendice, lettre C. Le texte complet de ces bulles a été retrouvé par le R. P. Berlière dans le vol. 147 des Archives Vaticanes, fⁱ 541 v°-543 : elles sont invariablement datées « 111. kal. februarii, anno 11 » (30 janr. 1354). J'ai cru inutile d'en demander et d'en donner ici la transcription.

[2] Appendice, lettre D.

[3] *Le Saint Suaire de Turin, histoire d'une relique* (1902), p. 11.

[4] Appendice, lettre E.

[5] Appendice, lettres F et G.

[6] *Étude critique*, appendice, lettre G, p. vij-xij.

l'a vainement cherché[1], que peut-il s'ensuivre contre
l'authenticité de l'acte? J'ai dit que la double copie sur
parchemin, conservée dans le volume 154 de la Collection de
Champagne, constitue la minute originale. M. G. La Brède
m'a demandé de le prouver[2]. Mais il n'y avait, pour en
avoir l'évidence, qu'à lire le titre de la pièce inscrit (proba-
blement de la main de l'évêque) en tête de l'acte B : *Veritas
panni de Lireyo, qui alias et diu est ostensus fuerat et de
novo iterum fuit ostensus, super quo intendo scribere
domino nostro Pape in forma subscripta et quam brevius
potero.* Ce mémoire, c'est l'évêque qui l'affirme, renferme la
vérité sur le Suaire de Lirey; il a l'intention d'en écrire au
Pape le plus tôt possible et dans la forme qui suit. Quant à
la discussion minutieuse à laquelle on a soumis ce document, elle a pour cause la qualification de « capital » dont je
l'ai gratifié et qu'il mérite. Chacun de ceux qu'il gênait a cru
pouvoir dicter à l'évêque de Troyes les précautions qu'il
aurait dû prendre, les actes complémentaires qu'il aurait
dû rédiger pour contraindre l'assentiment de la postérité.
Qu'est ce qui prouve leur nécessité d'après la jurisprudence
canonique du temps? Qui pourrait affirmer, au surplus,
qu'on ne l'a pas fait, que ces pièces d'intérêt temporaire
n'ont pas été détruites? Pourquoi négliger de parti pris ces
mots du prélat, que j'ai déjà signalés à l'attention : « Para-
tum me offero hic in promptu per famam publicam et alias
de omnibus supra per me pretensis sufficienter informare » ?
Il était donc en mesure de prouver ses dires.

Avant ce mémoire il convient de classer chronologique-
ment : 1° l'autorisation accordée par le cardinal légat Pierre
de Thury à Geoffroy II de Charny de faire exposer à nou-

[1] Ce fonds a été plus éprouvé que tout autre dans le transfert des
Archives du Vatican à Paris sous Napoléon Ier.

[2] *Intermédiaire des chercheurs et curieux* (1902), t. XLVI, c. 908.

veau le Suaire à la dévotion des fidèles dans la collégiale de
Lirey[1] ; sa date est encore inconnue, mais elle appartient
sûrement à l'année 1389 (avant le 19 juin). 2° la confirmation
de cet indult par le pape Clément VII ; le texte retrouvé par
M. Mollat porte qu'elle fut donnée le 28 juillet 1389, expé-
diée le 2 août et délivrée le lendemain[2].

On pouvait s'étonner qu'elle ne renfermât aucune des
réserves inscrites dans les autres bulles du 6 janvier 1390 :
elle leur est antérieure de cinq mois[3]. Dès lors, toute ano-
malie disparaît : la bulle du 28 juillet confirmait la concession accordée par le légat. On ignore encore la date de celle-
ci, mais l'acte pontifical lui est bien postérieur, car dès le
4 août le roi Charles VI, sur les instances de l'évêque de
Troyes, révoquait à Paris sa permission relative à l'exposition du Suaire et ordonnait de le placer sous la main
royale. Il n'y a pas lieu d'opposer aux lenteurs de Pierre
d'Arcis l'empressement de Geoffroy à recourir au pontife
d'Avignon, pour faire imposer « perpetuum silentium » au
prélat qui interdisait l'exécution du rescrit de Pierre de
Thury : l'évêque, agissant en vertu de son pouvoir ordinaire,
dans une question de sa compétence, n'eut à justifier la légi-
timité de sa prohibition que le jour où sa juridiction fut pa-
ralysée par le bref pontifical.

[1] La supplique qui l'a motivée n'a pas non plus été découverte ; elle
ne se trouve ni dans les volumes 70 et 71, qui comprennent les suppliques de 1389, ni dans 72 qui contient celles de 1390. Il manque des masses
énormes de suppliques aux archives pontificales : contre 74 volumes de
bulles, d'au moins 500 feuillets chacun, il n'y en a que 30 de suppliques,
de 150 à 200 feuillets seulement.

[2] Appendice, lettre H (= O).

[3] L'erreur dans la date que je lui avais assignée (par analogie avec les
bulles du 6 janv. 1390) ne tirait à aucune conséquence pour le fond même
de la question ; elle a été occasionnée par la Chronique de Zantfliet, lequel
avait remplacé par un malencontreux etc. la date inscrite dans la pièce originale qu'il avait sous les yeux.

La date fournie par le registre avignonnais fixe donc avec
exactitude la succession des événements concernant le
Suaire en 1389. L'autorisation du légat est antérieure au
19 juin, date de son retour à Avignon ; approuvée par le roi,
elle reçut sans retard son exécution. L'évêque de Troyes
ayant voulu y mettre opposition, Geoffroy lui fit imposer
silence par le pape le 28 juillet ; dans l'intervalle, le prélat
avait demandé à Charles VI de révoquer sa permission, ce
qu'il fit le 4 août. Pierre d'Arcis employa les mois suivants
à faire une enquête, à rédiger son mémoire et à négocier
avec la curie.

En conséquence du mémoire de Pierre d'Arcis et sans
doute des réponses des chanoines, Clément VII promulgua,
le 6 janvier 1390, trois bulles qui tranchèrent la question
(ad perpetuam rei memoriam) : ce sont celles que j'ai publiées sous les lettres K, M et P. On veut faire grand bruit
de prétendues infidélités de mon texte : la leçon définitive,
ne varietur, renverserait ma thèse historique. On a même
cherché à présenter cette affirmation sous le couvert du
« prêtre distingué » qui a révélé l'existence de ces documents
dans les Archives du Vatican. Celui-ci ne semble pas avoir
trouvé cette affirmation de son goût, car je lis dans la
Vérité du 1er janv. que M. Mollat « est demeuré absolument
étranger aux conclusions auxquelles ses importantes trou-
vailles ont donné lieu » : c'est bien là une rectification. Je ne
serais pas surpris si, d'ici à peu de jours, ce « prêtre distingué » ne protestait pas publiquement contre ceux qui ont
cherché à le transformer en tenant de l'authenticité du
Suaire [1].

Cette question de diplomatique pontificale est assez com-

---

[1] Sa protestation vient en effet de paraître dans *Le Correspondant* du
25 janv. 1903, sous ce titre : « Clément VII et le Suaire de Lirey » (p. 254-9) ;
à part, Paris, 1903, gr. in-8° de 8 p.

pliquée, mais M. Mollat m'a fourni tous les éléments pour l'élucider. Quand nul obstacle ne s'opposait à l'expédition de la grâce accordée, la chancellerie se bornait à mentionner le *datum :* les trois bulles en question ont bien été données « viii. idus januarii », comme je l'ai imprimé. Quand la pièce prêtait matière à corrections, on précisait davantage : ainsi pour K « Expeditum v. kal. junii, anno xii. Traditum et correctum iii. kal. junii, a. xii[1] » ; pour P « Traditum et correctum iii. kal. junii, a. xii[2] ». Mon texte offre, comme la minute, deux éditions superposées de la pièce K : la plus ancienne (du 6 janv.), qui m'était fournie par une copie du xive siècle, dans le corps de la page ; la nouvelle (du 3o mai) dans les notes. Et c'est bien ainsi que je l'aurais publiée, même ayant sous les yeux le registre original (où les parties supprimées ou corrigées sont cancellées, mais non grattées), sauf les diversités de graphie inévitables. Une expédition de la première rédaction a dû être envoyée, puisqu'on en retrouve le texte dans un manuscrit de la Bibliothèque nationale[3]. On aurait pu reconnaître avec quelle loyauté scrupuleuse j'ai donné les variantes de la seconde édition, qui atténuaient un peu les expressions très défavorables de la première à l'authenticité. On ne fera jamais dire à cette bulle, même amendée, que le Suaire dont il y est question fût l'original. Il y reste ces mots topiques : *Figuram seu repræsentationem* NON *ostendunt ut verum Sudarium D. N. J. C.* (Les mêmes mots « figura seu repræsentatio » se retrouvent dans une bulle d'indulgences, du 11 juin de la

[1] Appendice, lettre J (= K).
[2] Appendice, lettre K (= P).
[3] Un nouvel examen de la minute par M. Mollat vient de changer cette conjecture en certitude; sous un gros trait de plume il a fini par lire : « Traditum et registratum viii. idus februarii, anno xii ». La bulle fut donc délivrée juste un mois après sa première rédaction.

même année 1390, que je publie [1]). Il y reste encore ceux-
ci (reproduits dans P), contre lesquels on a oublié de s'es-
crimer : *Ad omnem erroris et idolatriæ materiam submovendam ;* l'idolâtrie, d'après la théologie un peu sévère de
l'évêque, consistait à vénérer comme original ce qui n'était
qu'une image ; il y avait erreur, au sens du pape, à présenter
le Suaire comme authentique. A qui d'ailleurs fera-t-on
croire que des scrupules d'exactitude historique aient seuls
motivé les corrections dont on fait si grand état ?

Les documents prétendus nouveaux laissent donc la question historique intacte, avec cet avantage que l'on convient
de leur importance.

Sans chercher ou découvrir des textes inédits, d'autres
travailleurs ou amateurs se sont occupés du Suaire. On
n'est pas habitué à rencontrer des bénédictins parmi les
romanciers ; ce phénomène semble cependant s'être produit
au début de ce siècle. *Le Linceul du Christ, étude critique
et historique,* par dom Franç. CHAMARD [2], est ,pour sa partie essentielle, un véritable roman : le mot a été prononcé
de divers côtés. « La filiation imaginée par dom Chamard,
dit M. BROU (p. 471), repose tout entière sur une énorme
invraisemblance ». Il a refait l'histoire des origines du
Suaire à l'aide de conjectures dont pas un bout de texte ne
fournit la preuve. Le plus étrange, c'est la satisfaction qu'il
a procurée aux partisans outrés de l'authenticité : — la question, déclare l'un d'eux, est désormais tranchée pour tout
esprit impartial [3] ; — ils ne semblent pas se douter que,
venant de Constantinople par Othon de la Roche à Besan-

[1] Appendice, lettre L.
[2] Paris, 1902, gr. in-8° de 104 p. Voir le compte rendu de M. l'abbé J.-B.
MARTIN, dans *l'Université catholique* (1903), t. XLII, p. 142-4 ; à part, Lyon,
1903, gr. in-8° de 3 p.
[3] A. LOTH, dans *La Vérité française* du 28 oct. 1902.

çon, et non par les Champlitte ou les Charny à Lirey,
le Suaire a des origines plus obscures que jamais.

On ne trouve rien de nouveau dans l'article de M. Bidou,
déjà cité, remaniement d'une conférence antérieure. Il serait
trop long de discuter des affirmations comme celles-ci :
« La campagne fut menée avec frénésie par des hommes
que l'on croyait qui participaient de la sérénité de la science.
Les meilleurs ont un ton de confiance et de jactance, une
sûreté hautaine de négation. La plupart, quand un fait les
gêne, se contentent de se taire ou d'affirmer la supercherie »,
etc., etc. (p. 461-2). Je montrerai un jour par des textes à
qui doit s'adresser cette algarade. Pour le moment, je me
demande quelle a été l'impression des érudits qui sont la
gloire de l'Institut catholique de Paris, en voyant leur *alma
mater* patronner officiellement la fameuse relique de
Turin.

*L'authenticité du Linceul du Christ, état actuel de la
question*, par M. Henri Terquem[1], est d'allures plus modé-
rées. Je ne vois pas que sa communication à la Société
Dunkerquoise pour l'encouragement des sciences ait fait
« siffler les oreilles » de personne, comme on l'a dit. L'au-
teur convient en finissant « que tant qu'on n'aura pas établi
la chaîne ininterrompue reliant le Suaire au Calvaire, la
thèse de l'authenticité n'aura *historiquement* pas fait un
pas. La moindre lacune l'annihile » (p. 99).

Une note, inscrite à la fin d'un Missel (jadis aux Orato-
riens de Chalon) conservé à Carpentras (n° 91), a fourni un
argument de plus contre la date du 22 mars 1452, donnée
par tous les historiens du Suaire comme celle de la donation
ou vente à la maison de Savoie. A ce moment, il était
encore la possession de Marguerite de Charny, puisqu'elle

[1] Paris, 1902, in-8° de 2 f.-113 p., planche.

en faisait exhibition à Germolles (Saône-et-Loire) le 13 septembre suivant[1].

Cette cession resta un mystère : les documents officiels l'ont dissimulée à plaisir, de même que les premiers propriétaires du Suaire sont toujours demeurés dans un vague intentionnel sur son origine. Suivant le fils même du donateur du Linceul à la collégiale de Lirey (entre 1353 et 1356), cette image était un cadeau fait à son père *(figuram... sibi liberaliter oblatam)*; d'après Marguerite, sa petite-fille, il en avait fait la conquête. Ces assertions imprécises étaient, à n'en pas douter, destinées à dissimuler sa véritable origine, à dépister les recherches : ceux-là même qui ont cru pouvoir reconstituer — par conjectures — l'histoire de la relique de Turin depuis les premiers temps, la font tous venir de Constantinople, à l'issue de la quatrième croisade. Les documents exhumés dans mon *Etude* et en partie reproduits plus loin ont établi, avec une évidence saisissante pour quiconque a le sens critique, qu'on est en présence d'une peinture, dont ils fixent l'époque avec une précision qui ne laisse guère à désirer.

Il restait un point à élucider. A l'effet de donner du renom à la collégiale fondée le 20 juin 1353, d'attirer la foule des fidèles et de bénéficier de leurs largesses, on aurait pu se procurer des reliques plus authentiques, mieux assurées, du moins au début, de la foi des fidèles. Pourquoi le choix du linceul du Christ ? pourquoi surtout cette fausse appellation de SUAIRE *(Sudarium, Souaire)*, qui revient exclusivement dans une vingtaine de documents échelonnés entre 1389 et 1473, au lieu de LINCEUL *(Sindon)*, qui aurait été le nom exact ? Un fait, sur lequel M. de Man-

[1] *Le Saint Suaire de Lirey, histoire d'une relique* (1902), p. 16.

teyer a bien voulu attirer mon attention[1], va nous l'expliquer.

Très peu d'années avant, en 1350, avait eu lieu à Rome un événement mémorable, dont les échos furent répercutés aux extrémités du monde chrétien : le grand jubilé de Clément VI. Par dérogation à la constitution de Boniface VIII, il suivait le premier à cinquante ans de distance[2]. Il y eut un concours extraordinaire de fidèles des deux sexes et de toutes conditions ; un million à douze cent mille, de Noël à Pâques, au dire d'un annaliste contemporain, Matthieu Villani; huit cent mille, de l'Ascension à la Pentecôte ; les chaleurs de l'été ne firent jamais descendre le nombre des pèlerins au-dessous du quart de ce chiffre[3]. Quelle fut, pour la piété externe, la grande attraction de ce pèlerinage *ad limina apostolorum?* le *Santo Sudario*, répondent unanimement les chroniqueurs. On le montrait dans la basilique Vaticane les dimanches et jours de fête — la première ostension eut lieu le dimanche de la Passion — et l'affluence pour le vénérer était telle que parfois jusqu'à douze personnes furent étouffées dans la presse[4]. Parmi les pèlerins illustres on note Louis, roi de Hongrie[5], sainte

---

[1] Lettre du 8 octobre. Mon savant et perspicace collaborateur retrouvera plusieurs de ses idées dans la suite de cette exposition.

[2] RAYNALDUS, *Annales ecclesiastici*, an. 1349, num. 11; an. 1350, num. 1-3. C'est la source de toutes nos histoires ecclésiastiques. FLEURY en donne une traduction, que ROHRBACHER a copiée littéralement, sans le dire.

[3] *Istorie*, lib. I, cap. 58.

[4] « Il Santo Sudario di Cristo si mostrava nella chiesa di S. Pietro per consolazione de' romei ogni Domenica e ogni dì di festa solenne ; siochè la maggior parte de' romei il poterono vedere. E la pressa vi era al continovo grande ed indiscreta; perchè più volte avvenne che quando due, quando quattro, quando sei, e talora fu che dodici vi si trovarono morti dalla stretta e dallo scalpitamento della gente. » (Matteo VILLANI, *Istorie*, lib. I, cap. 56, dans MURATORI, *Rer. Ital. script.*, 1729, t. XIV, c. 57.)

[5] « E vide il sacro Volto del Salvatore parimente ogni dì. » (Dom. Mar. MANNI, *Istoria degli anni santi*, Firenze, 1750, in-4°, p. 55.)

Brigitte de Suède[1] et Pétrarque[2]. Le mot *Sudario*, qu'il
fau^t retenir, exprime imparfaitement pour nous de quelle
relique il s'agissait : ce n'était ni le suaire qui fut mis sur la
tête de Jésus, ni le linceul dans lequel on l'ensevelit : c'était,
comme le précise Henri de Rebdorf, l'image connue sous le
nom de Véronique ou San Volto[3]. De nobles Vénitiens

---

[1] « Ed occorse una volta secondo che vien riferito, che portandosi con
modesta accompagnatura e con grande esemplarità alle sacre visite, mentre
vi si mostrava in S. Pietro il Sacro Sudario, un cavalier Danese fu ardito di
dirle, che col parer di alcuni non credeva esser vera quella insigne reli-
quia; del che conturbata S. Brigida, orando, cidi dirsi dal celeste Sposo :
Quid tibi dixit ille magniloquus et flabellum ventorum? Nonne quod multi
dubitant de Sudario meo, utrum sit vèrum an non? Dic ergo ei constanter....
de Sudario meo sciat, quod sicut sudor sanguinis mei de corpore meo
fluxit imminente passione mea, quando rogavi Patrem, sic iste sudor exivit
de facie mea propter qualitatem rogantis me ad consolationem futurorum. »
(*Revelationes*, lib. IV, cap. LXXXI; MANNI, *op. cit.*, p. 38.)

[2] Il parle lui-même du Suaire dans son 14e sonnet :

« E viene (le pèlerin) a Roma seguendo 'l desio
Per mirar la semblanza di colui
' Ch'ancor lassù nel Ciel vedere spera. »

(*Le Rime*, édit. SOAVE, 1805, t. I, p. 11.) Voir encore ses lettres latines
et sa *Vita* par MURATORI (1711, etc.)

[3] « In dominica Passionis Domini, qua canitur *Judica me*, primo osten-
sum fuit Sudarium Domini sive imago delata per Veronicam; et tunc ex
nimia pressura in ecclesia S. Petri, me præsente, multi sunt suffocati. »
(*Annales*, dans BOEHMER, *Font. rer. German.*, 1868, t. IV, p. 562.) — Mon-
trée par Boniface VIII à Jacques II, roi d'Aragon, en 1296, cette relique
avait été exposée les jours de fête, durant le jubilé de 1300 : « ... Die quâ
toti orbi venerabilis revelatur effigies, vulgo Sudarium seu Veronica
dicta... » (Cardinal Jacques CAJETAN STEFANESCHI, dans RAYNALDUS, an. 1300,
num. 2.) « Et per consolatione de' cristiani peregrini ogni venerdì o dì solenne di festa, si mostrava in San Pietro la Veronica del Sudario di Cristo. »
(Giov. VILLANI, *Historie Fiorent.*, lib. VIII, cap. 36, dans MURATORI, t. XIII,
c. 367.) Il n'en est pas question dans MANNI pour les jubilés de 1390,
1400 et 1423, mais à celui de 1500-1 il y eut une telle affluence qu'on dut
la montrer deux fois le jour de Noël (p. 97). Le *Diarium* de BURCHARD
rapporte au 6 janvier : « Cum essemus circa portam mediam prædictam
(auream S. Petri) adhuc intra basilicam, ostensus est populo Vultus
Domini. » (MANNI, p. 100; éd. THUASNE, 1885, t. III, p. 92.) Dans ses *Chri-
stusbilder* (Leipzig, 1899), M. Ernst von DOBSCHÜTZ a reproduit 116 témoi-
gnages concernant la légende de Véronique; la forme primitive remon-

donnèrent à cette occasion, pour la montrer à la foule, un panneau ou exposition *(tabula)* de cristal, à incrustations d'or et d'argent[1], dont le reflet devait faire ressortir les traits un peu effacés de la figure du Christ.

Ce spectacle inusité laissa une bien forte impression dans l'imagination de ceux qui en avaient été témoins, et même de tous les contemporains, car le municipe de Rome et celui de Florence décidèrent que les gros d'argent et les florins d'or porteraient désormais comme différent le Suaire *(col segno del Sudario di N. S. G. C.)*. Bien que le registre de la monnaie ne précise pas la cause de cette addition, la coïncidence transforme ici la cause occasionnelle en cause efficiente[2]. Que des Champenois et des Bourguignons soient allés en pèlerinage au jubilé de 1350, le fait ne saurait faire l'ombre d'un doute; mais il y a plus. Au moyen âge, les relations entre le centre de la catholicité et la Champagne furent telles, grâce aux foires de ce pays (Bar, Lagny, Provins et Troyes), que Rome adopta au XIIe siècle le type de la monnaie de Provins. Au XIVe, ce fut celle de Florence qui fut imitée à son tour en Bourgogne : les ducs Eudes IV (1315-50) et Philippe de Rouvres (1350-61) frappèrent des florins.

Même en dehors de ces relations significatives, le retentissement du jubilé aurait pénétré en Champagne. La dévotion populaire a eu de tout temps des fluctuations, des préférences successives, dont on peut retrouver la raison

terait à l'année 500 environ; la plus ancienne conservée à 600 env. (p, 273[*]-333[*]).

[1] RAYNALDUS, *Annales*, ann. 1350, num. 1 ; cf. DOBSCHÜTZ, n° 63.

[2] ORSINI (Ignazio), *Storia delle monete della repubblica Fiorentina* ; Firenze, 1760, in-4°. — CAPOBIANCHI (V.), Appunti per servire all' ordinamento delle monete coniate dal senato Romano dal 1184 al 1439..., dans *Archivio della r. società Romana di storia patria* (1896), t. XIX, p. 106-8 et pl. III, n° 7 et suiv.

d'être dans des événements contemporains. La création d'une
relique fausse a toujours eu pour but de servir l'intérêt
immédiat de son possesseur, en conformité avec les tendances
du moment. Le choix de l'objet créé était combiné de
manière à flatter et à satisfaire les désirs du propriétaire
ou la piété du peuple environnant. En procurant au trésor
de la collégiale de Lirey un suaire, Geoffroy la dota de la
relique la plus capable, à ce moment, d'impressionner les
foules, dont l'imagination était encore hantée par le souvenir du suaire vénéré à Rome si peu d'années avant. Le
choix d'un suaire, plutôt que de toute autre relique, pour
attirer à la collégiale naissante l'affluence et les générosités
des pèlerins, s'explique d'autant mieux par le souvenir du
Sudario vénéré durant le jubilé, que l'expression était im-
propre, comme elle l'avait été à Rome : le « drap » de
Lirey, était un linceul[1]. Cette coïncidence d'un côté, cette
différence de l'autre, paraissent frappantes.

Cette explication du choix de la relique projette beaucoup
de lumière sur les documents et en confirme la sincérité.
Antérieur de nombre d'années à la collégiale, le Suaire ne
se prêterait pas à l'accusation de faux intrépidement soutenue par les évêques de Troyes. Par une modestie fréquente
au moyen âge, le peintre a pu négliger de signer son œuvre
et même de se faire connaître : on obtint sans peine un
aveu de sa part. Tout au début, la relique ne semble pas avoir
été présentée comme remontant à l'ensevelissement du Sauveur : le silence absolu de tous les documents primordiaux
établit qu'elle n'avait rien d'insigne. La créance à son anti-
quité se sera développée par une exagération spontanée de

[1] Le R. P. THURSTON croit établir qu'au XIIIᵉ siècle le mot *sudarium* pouvait signifier un linceul recouvrant le corps entier (opusc. cité, p. 34) : soit,
mais cet argument ne détruit pas la coïncidence et la dissimilitude entre
la dévotion du Suaire de Lirey et celle du Sudario de Rome.

la dévotion des fidèles, avec la connivence tacite, si l'on veut, des chanoines.

Le R. P. Thurston a prétendu que la question d'authenticité n'a jamais été posée[1] : en théorie et dans les actes publics, la chose est admissible ; et c'est la thèse que j'ai soutenue et prouvée en dressant le catalogue chronologique des termes dont on s'est servi pour qualifier le Suaire, des origines au xvie siècle[2]. Mais l'évêque de Troyes se plaignait à juste titre que les cérémonies somptueuses dont on accompagrait l'ostension de la relique avaient créé et contribuaient à développer l'opinion erronée du vulgaire. Le but des chanoines ne saurait faire doute : attirer les foules par les splendeurs du culte extérieur rendu à la relique et faire bénéficier la fabrique de l'église des aumônes des fidèles : l'espérance de vénérer un linceul qui avait touché le corps du Christ et où son image adorable s'était imprimée entraînait les foules à Lirey.

La bulle de 1357 octroie des indulgences à gagner le jour de la dédicace de l'église : cela ne prouve pas que sa consécration était déjà faite. Celle de 1390 parle de sa construction *(fabrica ecclesie)* ; il s'agissait ou de son achèvement ou de réparer les désastres qu'elle avait pu subir durant la guerre de Cent ans.

En compulsant l'ensemble des registres de Clément VII, M. l'abbé Mollat a constaté qu'une grande partie des suppliques adressées à ce pape avaient pour but d'obtenir des indulgences en vue de reconstruire ou de réparer les églises[3]. Pour attirer les dons on faisait mention de reliques étranges

---

[1] *A propos du Saint Suaire de Turin,* p. 28-30.

[2] *Le St Suaire... et les défenseurs de son authenticité* (190.), p. 37-8.

[3] C'est à l'aide de l'exposé du début de la bulle qu'on e. enseigné, en l'absence de la supplique, sur le contenu de celle-ci. — Voir, dans cet ordre d'idées, le bien curieux ouvrage du P. Henri DENIFLE, *La désolation des églises, monastères, hôpitaux en France vers le milieu du xv siècle et pendant la guerre de Cent ans*; Mâcon, 1897-9, 2 vol. en 3 p. gr. in-8°.

et de corps saints inconnus: jamais peut-être on n'avait
autant fabriqué de fausses reliques. En faisant droit aux
demandes des suppliants, le Pape se garde bien de jamais se
porter garant de l'authenticité des objets pieux offerts à la
dévotion des fidèles ; il ajoute invariablement à l'exposé :
ut creditur, ut refertur, ut dicitur. En 1533, le pape
Clément VII (de Rome) usait encore de la même circonspec-
tion à l'égard du Suaire de Chambéry : *ut pie creditur*[1].
Sur ce point il y a mieux encore et ceci va répondre péremp-
toirement à ceux qui arguent d'une série de bulles des papes
du xvıᵉ siècle, lesquelles auraient authentiqué le Suaire
et détruiraient l'influence défavorable de celles de ément VII (d'Avignon)[2]. En 1670, une princesse de Savoie
sollicita une indulgence plénière pour ceux qui visiteraient
l'église de Turin lors de l'exposition du Saint Suaire. La
Congrégation des indulgences opina que la concession devait renfermer la restriction ci-dessus, *ut pie creditur*, ou
toute autre semblable. Finalement le 18 novembre on con-
céda l'indulgence, non à ceux qui vénéreraient le Suaire
comme le véritable linceul dans lequel le Christ avait été
enseveli, mais à ceux qui méditeraient sur les souffrances
de N.-S., surtout sur sa mort et sa sépulture[3].

Il n'est point aisé de démêler comment la croyance à
l'authenticité du Suaire déposé dans l'église de Lirey
germa, se développa et devint la croyance générale. Dans
ses notes sur le monastère de la Trinité de Vendôme[4],
dom Anselme Le Michel raconte, à l'année 1643, que « la
duchesse de Vendôme, encore vivante, avoit récemment

[1] Appendice, lettre O.

[2] G. Rɪ. *Pro ᵉᵐᵉ Sindone*; [Torino, 1903], in-8°, p. 15.

[3] Monchamp (Mᵍʳ Georg.), *Liège et Rome, à propos de l'authenticité du
Saint-Suaire de Turin* (extrait de *Leodium*); Liège, 1903, in-8° de 12 p. Je
lui emprunte l'appendice Q.

[4] Paris, Bibliothèque nationale, ms. lat. 13820.

apporté de Turin à Vendôme le fac-simile du Suaire du
Christ, que l'on expose ici au peuple avec une pompe quasi-
religieuse, *cum apparatu tanquam religioso* », et il semble
craindre que dans la suite des temps la crédulité du peuple
ne le vénère comme le véritable[1].

Une lettre récente, non provoquée, va montrer, par ce
qui se passe au xx° siècle, ce qui a dû arriver au xiv° : le
sentiment religieux de l'homme n'a pas changé. Si je ne
nomme pas mon vénérable correspondant, c'est que le temps
me manque de lui en demander l'autorisation. «.... Une dame
de M*** a donné au 17° siècle à notre abbaye un fac-simile
du saint Suaire de Turin, de la grandeur de l'original ....
C'est quelque chose comme les saintes Faces que l'on donne
à Saint-Pierre de Rome. Une fois par an, on fait une ostension solennelle de cette image et le peuple croit généralement
que c'est le linceul même du Seigneur. Nous nous gardons
bien de le dire, mais nous ne montons pas en chaire, le
jour de l'ostension, pour crier le contraire.... L'archevêque
de *** m'a demandé officiellement quelle était l'authenticité
de la *Sabana Santa*. Je répondis que c'était une copie du
Suaire de Turin... Pour l'original, je me référai aux tra-
vaux de Chifflet et autres... Je montrai que l'ostension,
telle que nous la pratiquions, selon la tradition...,
n'avait rien de contraire aux lois de l'Église et était une
cérémonie édifiante ; quant à l'authenticité, qu'il fallait lais-
ser les choses en l'état. La *Sabana Santa* de *** n'a aucun
signe d'authenticité ni de reconnaissance ecclésiastique...
. Nous la conservons respectueusement dans une boîte dorée
au milieu de nos reliques dans la chapelle du trésor. Le
jour de l'Invention de la Sainte-Croix, on la porte en procession au maître-autel et trois prêtres la présentent à la

[1] Métais (Ch.), dans *Bulletin de la Société archéologique du Vendô-
mois* (1890), t. XXIX, p. 152-3.

vénération du peuple déployée et tendue ; pendant ce temps
on chante le *Miserere* et quelques fidèles font toucher par
dévotion leurs objets de piété au linceul vénéré. » Long-
temps encore il en sera ainsi du Suaire de Turin : *possideatis
ut possidetis*, suivant l'axiome en pareille matière.

Au printemps dernier, le pape Léon XIII a demandé à la
Congrégation des Indulgences et Reliques d'examiner la
question du Suaire de Turin, qui commençait à faire du
bruit. Les consulteurs se sont procuré les opuscules publiés
pour et contre, et se sont livrés à des recherches person-
nelles. Leur conclusion, soumise par le cardinal préfet au
Souverain Pontife, est formelle contre l'authenticité : *non
sustinetur*. Comme moi et bien d'autres, la Congrégation
pouvait être désireuse de se trouver en présence d'un por-
trait original du Christ, image *àcheiropotete* (non faite de
main d'homme). Les rapports délicats de la cour Romaine
avec la maison de Savoie pouvaient aussi la faire hésiter à
se prononcer dans une question où l'honneur national est
fortement en jeu. C'est, à ne pas s'y méprendre, la raison
pour laquelle on ne publiera peut-être pas de décret : on
laissera la controverse s'éteindre sur place. L'appréciation
de la presse étrangère, de plus en plus défavorable à la thèse
de M. Vignon[1] y contribuera pour une bonne part ; la
décision des consulteurs, connue plus tard dans ses détails,
achèvera la démonstration.

Romans, 9 janvier 1903.

---

[1] Outre le P. H. Thurston, dont le travail original a paru dans *The
Month*, voir surtout Jos. Braun, *Das Turiner Grabtuch des Herrn*, dans
Stimmen aus Maria Laach (Freiburg i. B. 1902), t. LXIII, pp. 249-61 et
398-410. La s. *Sindone di Torino*, dans l'*Osservatore cattolico* (Milano, 6 déc.
1902). Mgr Laflamme, dans *Revue ecclésiastique* (Valleyfield [Canada], 1901-
2), t. IX, p. 6-10; t. XII, p. 329-33.

APPENDICE

A

16 avril 1349.

Sᴵɢɴɪꜰɪᴄᴀᴛ S[anctitati] V[estre] devotus filius vester Joffridus de Char-
ni, miles, dominus de Lirey, Trecensis diocesis, quod ipse in villa
de Lirey, infra limites parrochie Sancti Johannis de Bonnevaulx, ejusdem diocesis, de bonis sibi a Deo collatis quandam ecclesiam in honore
beate Virginis Marie et precipue Annunciationis Jhesu Xpisti fecit
construi in eaque ordinavit quinque canonicatus et quinque prebendas,
valoris quarumlibet triginta librarum Turonensium, quinque personis
ydoneis assignandas imperpetuum in eadem. Quare humiliter supplicat
ut ipsam ecclesiam in Collegiatam erigere dignemini, et sibi et succes-
soribus suis dominis ipsius loci de Lirey concedere facultatem confe-
rendi pleno jure ipsos canonicatus et prebendas personis ydoneis, quovismodo vacabunt, — Fiat, sed ordinet ibi unum caput. R[egistratum].

Item, cum idem miles, adhuc et ultra predicta, de dictis suis bonis
in eadem ecclesia intendat ordinare canonicatum alium cum prebenda
valoris predicti, necnon et decanatum regendum per alterum canoni-
corum prebendatorum ejusdem ecclesie, cujus decanus ratione sui
decanatus, ultra suos canonicatum et prebendam, etiam habebit
triginta libras in redditibus monete predicte, supplicat humiliter
quatinus capitulo ipsius ecclesie electionem et confirmationem decani
ejusdem, qui pro tempore fuerit eligendus et confirmandus, concedere
dignemini de gratia speciali. — Fiat, R.

Item, etiam idem miles intendit numerum canonicatuum et preben-
darum ecclesie predicte, Deo favente, augmentare, qui etiam causa
devotionis poterit per alios in futurum augmentari, quare supplicat
humiliter, quatinus canonici imposterum cum predictis sex per quos-
cunque in dicta ecclesia creandi, et qui prout unus ex predictis erunt
dotati, possint eisdem libertatibus gaudere, quibus et pro nunc gau-

debunt presentes, et quod svb norma et regula presentium etiam vivere
sint astricti. — Fiat. R.

Item, eidem decano concedere dignemini ut predictorum canonico-
rum prebendatorum, capellanorum et beneficiatorum ejusdem ecclesie,
ac eorum familiarium confessiones audire valeat, et de hiis, de quibus
rector parrochialis ecclesie suos parrochianos absolvere potest, absolvere possit, etc. — Fiat, R.

Item, quod omnibus devote et vere penitentibus ipsam ecclesiam
visitantibus, singulis annis et singulis festivitatibus dicte Virginis, c.
dies indulgere dignemini, ut in forma. — Fiat. R.

Item, totidem ipsius ecclesie benefactoribus servitoribus ejusdem pro
qualibet (sic) festo semel. — Fiat. R.

Item, cum multas ordinationes fecerit et facere intendit, utpote de
servitio divino in dicta ecclesia per ipsos canonicos et alios servitores
faciendo, qui ad continuam residentiam erunt astricti, quibusdamque
aliis licitis, de quibus in vicecancellaria fiet fides, supplicat quatinus
ipsas ratas et gratas habere dignemini et ex certa scientia confirmare,
litteras exinde confectas et conficiendas in vestris litteris inserendo.
— Videantur in vicecancellaria et confirmentur, si, etc. R.

Item, eidem supplicanti concedere dignemini ut, post dissolutionem
corporis sui, quod idem corpus possit dividi et diversis locis sepeliri,
prout duxerit ordinandum, et alias ut in forma. Fiat. R.

Item, quod sibi et omnibus secum existentibus, ubicunque fuerint,
concedere dignemini, quod possint in mortis articulo per presbiterum
ydoneum absolvi a pena et culpa ut in forma. — Fiat pro eo. R.

Item, quod eidem concedere dignemini, ut omnes religiosi, quorum-
cunque ordinum existant, Cartusiensibus exceptis, declinantes ad suas
domos vel alibi ubicumque fuerit, dum tamen major domus existat,
carnes ipso presente comedere possint, non obstantibus quibuscunque,
etc. — Fiat, si procedat de beneplacito majorum sui ordinis. R.

Et quod transeant sine alia lectione. — Fiat. R.

Datum Avinione, xvi. kalendas maii, anno septimo.

        Archives du Vatican, Reg. Supplic. Clementis VI, suppl.
           t. 17, f° 265 r°.

B

26 avril 1349.

Supplicat S. V, humilis et devotus filius et miles vester, Joffridus de Charny, quatinus decano et capitulo per S. V. erecto et ordinato in villa de Lirey, Trecen. diocesis, concedere dignemini, ut omnes oblationes quovismodo provenientes ad ipsam ecclesiam et quibuscunque horis recipere valeant, et in suos usus communes convertere; ita tamen quod rectori parrochialis ecclesie dicti loci qui fuerit pro tempore seu patrono, vel illi ad quem oblationes pertinent, decem libras rongulen. monete usualis, uno termino, scilicet die Nativitatis Domini, isn Tuis annis solvere teneantur; et si rector dicti loci sive patronus, vel alius ut supra, hiis decem libris non essent contenti, quod ex nunc compellantur ad conveniendum cum dicto capitulo de certa annua pensione recipienda, qua semel instituta et soluta imperpetuum observetur. — Habeant oblationes, concordato prius de pensione per priorem Sancti Aygulphi de Privino et decanum Sancti Urbani Trecen. R.

Item, eisdem decano et capitulo concedere dignemini, ut cimiterium juxta ipsam ecclesiam vel alibi, loco decenti, de prope habere valeant consecratum, in quo se ipsos, familiares, capellanos, servitores ipsius ecclesie, necnon et omnes alios volentes in eodem cimiterio sepulturam eligere, facere sepeliri possint; reservata funeralium quarta parte pro rectore parrochialis ecclesie, juxta juris formam. — Habeant pro canonicis et servitoribus ecclesie. R.

Et quod transeat sine alia lectione. — Fiat. R.

Datum Avinione. vi. kal. maii, anno septimo.

Archives du Vatican, Reg. Supplic. Clementis VI, t. 17, f° 265 v°.

C

1354.

Trecensis. Universis Xpisti fidelibus ecclesiam B. M. V. de Lirey, Trecensis dioc., visitantibus indulgentie largiuntur.

Joffrido de Charneyo, militi, fundatori predicte ecclesie B. M., reservatur jus patronatus presentandi personas idoneas in ecclesia supradicta.

Capitulo ipsius ecclesie conceditur ut personas idoneas in decanos ipsius ecclesie eligere possint.

Eisdem conceditur, ut cemeterium juxta ecclesiam ipsam habere possint.

Ad perpetuam rei memoriam, ipsis capitulo statuitur ut bona mobilia personarum ipsius ecclesie intestatas decedencium fabrice ipsius ecclesie debent remanere.

Eisdem capitulo conceditur ut decanus ipsius ecclesie confessiones audire valeat personarum ecclesie supradicte.

Archiv. du Vatican, Reg. Avign. 127 (Innocent VI, a° II,
t. VII), f° 28 v° de Rubricis.

D

3 août 1354.

Universis Xpisti fidelibus presentes litteras inspecturis, salutem. Splendor paterne glorie, qui sua mundum illuminat ineffabili claritate, pia vota fidelium de clementissima ipsius majestate sperantium, tunc precipue benigno favore prosequitur, cum devota ipsorum humilitas sanctorum precibus et meritis adjuvatur. Cupientes igitur, ut ecclesia Beate Marie Virginis de Lirey, Trecensis diocesis, per dilectum filium nobilem, virum Joffridum de Charneyo, dominum dicti loci de Lirey, infra limites parrochie ecclesie sancti Johannis de Bonavalle, ejusdem diocesis, ut asseritur canonice fundata, congruis honoribus frequentetur et ut Xpisti fideles eo libentius causa devotionis confluant ad eandem quo ibidem uberius dono celestis gratie conspexerint se refectos, de omnipotentis Dei misericordia et beatorum Petri et Pauli apostolorum ejus auctoritate confisi, omnibus vere penitentibus et confessis qui in Nativitatis, Resurrectionis et Ascensionis Domini nostri Jhesu Xpisti ac Penthecostes festivitatibus ecclesiam ipsam devote visitaverint annuatim et pias ibidem elemosinas erogarint, unum annum et quadraginta dies de injunctis eis penitenciis, singulis videlicet festivitatum ipsarum diebus quibus ecclesiam ipsam visitaverint et pias elemosinas erogarint, ut prefertur misericorditer relaxamus. Datum [apud] Villam novam, Avinionensis diocesis, ii nonas augusti, anno secundo.

Archiv. du Vatican, Reg. Avign. 147 (Innocent VI, A°
IX°, p. III, t. XXVII), f° 541 v°.

E

5 juin 1357.

Universis sancte matris Ecclesie filiis, ad quos presentes littere pervenerint. Nos, miseratione divina Bernaudus Assisii [a], Arnaldus Surrensis [b], Bonifacius Cibenicensis [c], Johannes Carminensis [d], Bernardus ...., Julianus Cardicensis [e], Bertrandus Aliphanensis [f], Raymundus Aleriensis [g], Bernardus Sagonensis [h], Gregorius Anzariensis [i], Raphael Archadiensis [j] et Lucas Auximanus [k] episcopi, salutem in Domino sempiternam. Splendor paterni luminis, qui sua mundum ineffabili claritate illuminat, pia vota fidelium de clemencia majestatis sue sperantium tunc precipue favore benigno prosequitur, cum devota ipsorum humilitas sanctorum meritis et precibus adjuvatur. Cupientes igitur ut ecclesia collegiata de Lireyo, in honore beate Marie Virginis fundata, Trecensis dyocesis, congruis honoribus frequentetur et a Christifidelibus jugiter veneretur, omnibus vere penitentibus et confessis, qui ad dictam ecclesiam in singulis sue patrone festis et in omnibus aliis infrascriptis, videlicet Natalis Domini, Circumcisionis, Epiphanie, Parasceves, Pasche, Ascensionis, Pentecostes, Trinitatis, Corporis Christi, Inventionis et Exaltationis sancte Crucis, sancti Michael archangeli, in omnibus festis beate Marie Virginis, Nativitatis et Decollationis sancti Johannis Baptiste, beatorum Petri et Pauli apostolorum et omnium aliorum apostolorum et evangelistarum, in festo Omnium Sanctorum et in commemoratione animarum, ac in dicto ecclesie dedicatione, sanctorumque

a Précédemment évêque d'Ajaccio, où Gams le nomme Bernard (Series episcop., p. 764); mais à Assise lui (p. 669) et Eubel(Hier. cathol., p. 114) l'appellent Bertrand, avec des différences quant à son nom de famille.

b En 1357 l'évêque de Sorrente (Surrentin.), en Italie méridionale, s'appelait Pierre (Eubel, p. 494).

c Sebenico, en Dalmatie (Eubel, p. 473).

d Évêché non identifié par Eubel (p. 173).

e Gardiki, en Grèce (Eubel, p. 172).

f Alife, en Italie méridionale (Eubel, p. 83).

g Aléria, en Corse (Eubel, p. 81).

h Sagona, également en Corse (Eubel, p. 450).

i D'après Mas Latrie (Trés. chron., c, 1986), ce nom pourrait désigner l'évéché d'Osero, dans l'Adriatique, dont le titulaire était alors Mathieu (Eubel, p. 65).

j Arkadi, dans l'île de Crète (Eubel, p. 103).

k Osimo, dans l'Italie centrale (Eubel, p. 123).

Stephani, Laurencii, Vincencii, Martini, Nicolai, Georgii et Sebas-
tiani, sanctarumque Marie Magdalene, Margarete, Katerine, Anne,
Lucie, Agnetis et Agathe, et per octavas omnium festivitatum predic-
tarum octavas habentium, singulisque diebus dominicis et sabbatis
tocius anni, causa devotionis, orationis aut peregrinationis accesse-
rint, seu qui missis, predicationibus, mat[ut]inis, vesperis aut aliis
divinis officiis, exequiis et mortuorum sepulturis ibidem interfuerint,
aut qui ibidem celebraverint seu fecerint vel procuraverint celebrari,
seu qui ambitum dicti ecclesie devote circulerint exorando pro
defunctis, aut qui Corpus Christi vel oleum sacrum, cum infirmis
portantur, secuti fuerint, vel qui in serotina pulsatione campane flexis
genibus ter *Ave Maria* dixerint; necnon qui ad fabricam ipsius ecclesie,
luminaria, libros, calices, vestimenta seu quevis alia ornamenta
necessaria manus porrexerint adjutrices, aut qui eidem ecclesie aurum,
argentum, vel aliquid suarum facultatum in suis testamentis vel
extra donaverint, legaverint, seu donari vel legari procuraverint, ac
omnibus visitantibus dictam ecclesiam et reliquios ibi existentes, et
qui pro salubri statu domini episcopi .... nobilissimi principis
ducis Burgundie qui nunc est .... nobilissime Johanne de
Vergy............ et eciam pro statu discreti viri domini...................,
animabus eorum cum ab hac luce migraverint......... exoraverint, et
qui pro animabus pie recordationis domini Gaufridi de Charneyo,
militis,.................. et domine Johanne de Tociaco, quondam ejusdem
domini Gaufridi uxoris, orationem dominicam cum salutatione ange-
lica, septem psalmos penitenciales aut alios................... pia mente
dixerint, missas celebraverint aut celebrari fecerint. Quocienscumque,
qvicumque et ubicumque premissa vel aliquid predictorum devote
fecerint, de omnipotentis Dei misericordia et beatorum apostolorum
Petri et Pauli ejus auctoritate confisi, singuli nostrum quadraginta
dies indulgenciarum de injunctis eis penitenciis misericorditer in
Domino relaxamus, dummodo dyocesani voluntas ad id accesserit et
consensus. In cujus rei testimonium sigilla nostra sunt appensa.
Datum Avinione, die quinta mensis junii, anno Domini millesimo
CCCLVII°, et pontificatus domini Innocencii pape sexti anno quinto.

Archives départementales de l'Aude, à Troyes, fonds
de Lirey, 96. Communiqué par M. l'abbé Nioré.

F

*Anniversaires fondés en l'église collégiale Notre-Dame
de Lirey (1521).*

Ung des anniversaires de feu de bonne mémoire monseigneur Joffroy
de Charny, chevalier, fondateur d'icelle église de Notre Dame de
Lirey, se doit fayre et célébrer le plus révèremment et le plus sollem-
pnellement qu'il soit possible, comme il a bien mérité, le lendemain de
la feste de l'Annonciation de la glorieuse Vierge Marie, en mars, qui
est la feste principale de ladite église. Lequel anniversaire est de la
fondation de ladite église.

G

*Catalogue des anniversaires et fondations qui se doivent acquitter
dans l'église Notre-Dame de Lirey, copié en 1760 sur un manuscrit fait en 1691.*

Le 26 mars, l'anniversaire de messire Geoffroy, comte de Charny,
fondateur de ce chapitre.

H (= O)

28 Juillet-3 août 1389.

CLEMENS, episcopus, servus servorum Dei, dilecto filio nobili viro
Gaufrido, domino loci de Lireio, Trecensis diocesis, salutem et
apostolicam benedictionem. Tue devotionis sinceritas, quam erga
Deum et nos, ac Romanam ecclesiam gerere nosceris, promeretur ut
petitionibus tuis, illis presertim que divini nominis honorem et glo-
riam respicere dinoscuntur, favorabiliter annuamus. Exhibita siquidem tue petitionis series continebat, quod nuper dilecto filio nostro
Petro, tituli Sancte Susanne presbytero cardinali, pro parte tua exposito, quod olim genitor tuus zelo devotionis accensus, quandam figuram
sive representationem Sudarii Domini nostri Jhesu Xpisti liberaliter sibi
oblatam, in ecclesia Beate Marie de Lireyo, Trecensis diocesis, cujus
ipse fundator extitit, venerabiliter collocari fecerat; et quod demum,
Domino permittente partes illas guerris et mortalitatum pestibus graviter concuti, figura sive representatio hujusmodi, etiam ad mandatum

ordinarii loci et ex aliis certis causis, de dicta ecclesia Beate Marie
ad alium tutiorem locum translata, et decenter usque tunc recondita
extiterat et venerabiliter custodita; et quod tu, ad ecclesie predicte
decorem, devotionem populi et cultus divini augmentum, cupiebas
prefatam figuram sive representationem in ecclesia predicta reponi,
idem cardinalis, quem tunc ad carissimum in Xpisto filium nostrum
Carolum, regem Francorum illustrem, pro certis nostris et predicte
Romane ecclesie negotiis destinaveramus, quique faciendo, gerendo,
exercendo, hujusmodi negotiorum prosecutione durante, in civitatibus et diocesibus ac provinciis, per quas eundo et redeundo transire,
et in quibus moram trahere ipsum contingeret, omnia et singula, que
Romane ecclesie cardinalis legationis fungens officio, infra sue legationis terminos facere, gerere et exercere potest, a nobis facultatem
habebat. Quique per Senonensem provinciam, deᵃ qua dicta diocesis
Trecensis existit, transitum fecerat, tibi, hujusmodi negotiorum prosecutione durante, ut figuram seu representationem predictam in prefata ecclesia Sancte Marie, congruo, honorabili et decenti loco poni et
collocari facere posses, diocesani vel alterius cujuscunque non petita
vel obtenta licentia, per litteras suas indulsit; quodque dicta figura
sive representatio hujusmodi indulti vigore, in dicta ecclesia Beate
Marie reposita fuit decenter; et quod postmodum venerabilis frater
noster Petrus, episcopus Trecensis, ex hujusmodi indulto commotus,
in sua synodo ultimo celebrata, rectoribus parrochialium ecclesiarum
ac illis quos proponere contingerit verbum Dei, ne de sudario Jhesu
Xpisti, figura seu representatione ipsius in suis ecclesiis aut sermonibus, sive in bono sive in malo, aliquam mentionem facerent; ac
demum dilecto filio decano ecclesie Beate Marie predicte, ne sub
excommunicationis pena dictam figuram seu representationem alicui
ostenderet, inhibuit. A qua quidem inhibitione eidem decano facta, pro
parte dicti decani fuit ad sedem apostolicam appellatum. Et quia dicta
figura sive representatio post appellationem hujusmodi populo publice
exhibita extitit et ostensa; nos igitur tuis in hac parte supplicationi-
bus inclinati, indultum prefatum ratum et gratum habentes, illud,
prout superius enarratur, ex certa scientia, auctoritate apostolica con-
firmamus, et presentis scripti patrocinio communimus; et nichilominus
eidem decano et dilectis filiis capitulo dicte ecclesie Beate Marie,
presentium tenore concedimus, quod, inhibitione hujusmodi non obs-

---

ᵃ *Le texte ajoute ici le mot dicta, sûrement inutile et fautif.*

tante, figuram seu representationem eandem populo publice ostendere
et ostendi facere valeant, quotiens fuerit opportunum ; eidem episcopo
super inhibitione predicta perpetuum silentium imponentes. Nulli
ergo hominum liceat, etc. — Datum Avinione, v kalendas augusti,
anno undecimo. — Expeditum iiii nonas augusti, anno xi. — Traditum iii nonas augusti, anno xi.

> Archives du Vatican, Reg. Avign. 258, f° 468 v°. En
> haut, à gauche ≡X, soit 24 sous Tournois de taxe. —
> Inutile de donner les variantes du texte fautif du
> chroniqueur Zantfliet (*Etude critique*, p. xix-xxi).

I (= N)

> 6 janvier 1390.

CLEMENS, etc., venerabili fratri Petró, episcopo Trecensi... — Cum
dudum dilectus filius noster Petrus, tibuli S. Susanne...

> Archives du Vatican, Reg. Avign. 261, f° 227 r°. Une
> nouvelle collation a fait lire l. 30, apponi ; l. 34,
> quatinus.

J (= K)

> 6 janvier-6 février 1390.

CLEMENS, etc. [a], ad futuram rei memoriam. — Apostolice Sedis
providencia circumspecta non nunquam concessa per eam modi-
ficat, ac circa illa statuit et disponit prout rerum et temporum qualitas
exigit, et id conspicit in Domino salubriter expedire. Dudum siquidem
pro parte dilecti filii nobilis viri Gaufridi, domini loci de Lireyo, Trecensis diocesis, nobis exposito, quod nuper dilecto filio nostro Petro,
tituli Sancte Susanne presbitero cardinali, pro parte ejusdem Gaufridi
exposito, quod olim genitor ipsius Gaufridi zelo devocionis accensus,
quandam figuram sive representacionem Sudarii Domini nostri Jhesu
Xpisti sibi liberaliter oblatam, in ecclesia Beate Marie de Lireyo, dicte
diocesis, cujus ipse fundator extitit, venerabiliter collocari fecerat, et
quod demum, Domino permittente partes illas guerris et mortalitatum
pestibus graviter concuti [b], figura seu [c] representacio hujusmodi [d],

---

*A omet comme de coutume ce début. — b A concussi. — c Var, sive. —
B omet.*

eciam ad mandatum ordinarii loci et ex aliis certis causis, de dicta
ecclesia Beate Marie ad alium tuciorem locum translata et decenter
usque tunc recondita extiterat et venerabiliter custodita ; et quod idem
Gaufridus ad ecclesie predicte decorem, devocionem populi et cultus
divini augmentum cupiebat prefatam figuram sive representacionem
in ecclesia predicta reponi, idem cardinalis, quem tunc ad carissimum
in Xρisto filium nostrum Carolum, regem Francorum illustrem, pro
certis nostris et predicte Romane ecclesie negociis destinaveramus,
quique faciendi, gerendi et exercendi, hujusmodi negociorum prosecucione durante, in civitatibus et diocesibus ac provinciis, per quas
eundo et redeundo transire ᵉ et in quibus moram trahere ipsum contingeret, omnia et singula que Romane ecclesie cardinalis legacionis fungens officio infra sue legacionis terminos facere, gerere et exercere
potest, a nobis facultatem habebat ; quique per Senonensem provinciam,
de qua dicta diocesis Trecensis existit, transitum fecerat, eidem Gaufrido, hujusmodi negociorum prosecucione durante, ut figuram seu
representacionem predictam in prefata ecclesia Sancte Marie congruo,
honorabili et decenti loco poni et collocari facere posset, diocesani vel
alterius cujuscunque non petita vel obtepta licencia, per litteras suas
indulserat ; quodque dicta figura seu representacio, hujusmodi indulti
vigore, in dicta ecclesia Beate Marie reposita fuerat decenter ; et quod
postmodum venerabilis frater noster Petrus, episcopus Trecensis, ex
hujusmodi indulto commotus, in sua synodo ultimo celebrata rectoribus parrochialium ecclesiarum ac illis ᶠ quos proponere contingeret
verbum Dei, ne de Sudario Jhesu Xρisti, figura seu ᶠ representacione
ipsius in suis ecclesiis aut sermonibus, sive in bono sive in malo aliquam mencionem facerent ; ac demum dilecto filio decano ecclesie
Beate Marie predicte, ne sub excommunicacionis pena dictam figuram
eu representacionem alicui ostenderet, inhibuerat ; a qua quidem inhibicione eidem decano facta, pro parte dicti decani fuerat ad Sedem
apostolicam appellatum, et quia dicta figura sive representacio, post
appellacionem hujusmodi, populo publice exhibita extiterat et ostensa,
nos indultum prefatum ex certa sciencia, auctoritate apostolica confir-
mavimus ; et nichilominus eidem decano et dilectis filiis capitulo
dicte ecclesie Beate Marie concessimus, quod, inhibicione hujusmodi
non obstante, figuram seu representacionem eandem populo publice

e B omet. — f Var, aliis. — g Var, seuque.

ostendere et ostendi facere valerent, quociens foret oportunum, eidem
episcopo super inhibicione predicta perpetuum silencium imponendo,
prout in nostris inde confectis litteris plenius continetur. Nos igitur
circa modum ostensionis hujusmodi, ad omnem erroris et ydolatrie ʰ
materiam submovendam, de oportuno remedio providere curantes ⁱ,
volumus et tenore presencium auctoritate apostolica statuimus et eciam
ordinamus ʲ quod, quocienscunque dictam figuram seu representacionem
deinceps populo ostendi contigerit, decanus et capitulum predicti
ac alie persone ecclesiastice hujusmodi figuram seu representacionem
ostendentes et in hujusmodi ostensione presentes, quandiu ostensio
ipsa durabit, capis, superpelliciis, albis, pluvialibus vel aliis qui-
buslibet ecclesiasticis indumentis seu paramentis nullatenus propterea induantur, nec alias ᵏ solempnitates faciant que fieri solent in reliquiis ostendendis, quodque propterea torticia, facule seu candele minime
accendantur, nec luminaria quecunque ibidem ˡ adhibeantur ; quodque
ostendens dictam figuram, dum major ibidem convenerit ᵐ populi
multitudo   publice populo predicet et dicat alta et intelligibili voce,
omni fraude cessante, quod figura seu representacio predicta non
est ⁿ verum Sudarium Domini nostri Jhesu Xp̄isti, sed quedam
pictura seu ᵖ tabula facta in ᵗ figuram seu representacionem ʳ Sudarii, quod fore dicitur ejusdem Domini nostri Jhesu Xp̄isti ˢ. Prefatas litteras nostras et earum effectum, si ᵗ voluntatem ac statutum
et ordinacionem nostram hujusmodi non servaverint, carere viribus
decernentes. Nulli ergo, etc. hanc paginam nostre voluntatis, statuti,
ordinacionis et constitutionis infrigere, etc. — Datum Avinione,
viii idus januarii, anno xii. — Traditum et registratum viii idus februarii, anno xii ᵘ (H. Monachi).

Archiv. du Vatican, Reg. Avign. 261, fᵒ 258 vᵒ. En haut,
à droite, ✕ ✕ qui indiquent la taxe perçue pour cette

h Var. idololatrie. — i A² CDP curantes. — j B omet et eciam ordinamus. —
k A² CDP remplacent par nullas tout le passage précédent depuis quandiu.
— l A² P minime propterea ad solemnitatem aliquam (A² omet, voy. F) accendantur, nec luminaria quecunque ibidem propterea; C D n'ont que min. propt.
— m P concurrerit. — n A² CDP ajoutent aliquociens saltem (A² saltim), dum
sermonem ibidem fieri contigerit. — o B omet; A² CDP figuram seu representacionem predictam non ostendunt ut. — p A ot. — q A² CP sed tanquam. —
r A² CDP ajoutent dicti. — s P Eos qui (?). — t B-P ot. — u A² remplace Traditum... xii par Expeditum v. kalendas junii, anno xii (R. de Valle). — Traditum et correctum iii kalendas junii, anno xii (H. Monachi). R[egistratum].

bulle: 3o sous Tournois. En marge: « Jo. de Neapoli »; en marge du f° 259 r°, en grosse écriture
d'une autre main : « Correctum de mandato Jo.
de Neapoli » *(A)*.

Paris, Biblioth. Nation., fonds latin, ms. 10410, f° 113 *(B)*. Longue bande de
papier de la fin du xive siècle, comprenant les Append. F, G et H, les deux
derniers au v°; en tête : « Copia »; entre G et H : « XXJ » (App. L). — Ibid.,
Collection de Champagne, t. 18, f° 70. Double exemplaire d'une copie notariée,
faite à Troyes le 15 oct. 1626, d'un *vidimus* exécuté le 16 juin 1390, indiction 13,
an 12 de Clément VII, « in villa de Sinemuro (Semur), Eddensis diocesis », sur
requête de Nicolas Martin, doyen de Lirey, par « Adam Parvi, de Maceyo super
Thiliam », notaire, et collationné le 25 juin suivant, à la requête de Nicolas Martin et d'un autre chanoine *(C)*. — Même Collection, v. 154, f° 141-5, copie du
même *vidimus*, confrontée sur l'exempl. des archives épiscopales, à la requête
du chanoine Nicolas Camusat, secrétaire de l'évêque René de Bresley, le 15 oct.
1626 *(D)*. — Ibid., f° 139, copie du xvie siècle *(E)*. — Piano, op. cit., t. II,
p. 277-81 *(P)*.

K (= N)

6 janvier 1390.

CLEMENS, episcopus, servus servorum Dei ª, dilectis filiis Lingonen. et ᵇ
Eduen. ac ᶜ Cathalaunen. officialibus, salutem et apostolicam benedictionem ᵈ. — Dudum pro parte dilecti filii nobilis viri Gaufridi,
domini loci de Lireyo, Trecensis diocesis, nobis exposito, quod nuper
dilecto filio nostro Petro, tituli Sancte Susanne presbytero cardinali,
pro parte ejusdem Gaufridi exposito, quod olim genitor ipsius Gaufridi
zelo devocionis, etc., *ut in proxima precedenti usque ibi* prout in
nostris inde confectis litteris plenius continetur. Nos circa modum
ostensionis hujusmodi, ad omnem erroris et ydolatrie materiam submovendam, providere curantes, voluimus, et apostolica auctoritate
statuimus et eciam ordinavimus quod quocienscunque dictam figuram
seu representacionem ex tunc populo ostendi contingeret, decanus
et capitulum predicte et alie persone ecclesiastice hujusmodi figuram seu representacionem ostendentes et in hujusmodi ostensione
presentes nullas solemnitates facerent que fieri solent in reliquiis
ostendendis, quodque propterea torticia, facule seu candele minime
propterea ad solemnitatem aliquam accenderentur, nec luminaria quecunque ibidem propterea adhiberentur, quodque ostenden-
dens dictam figuram, dum major ibidem convenerit populi multi-

ª A omet ce début. — ᵇ B omet. — ᶜ B et. — ᵈ A remplace et ap. ben.
par etc.

tudo, aliquociens saltim dum sermonem ibidem fieri contingeret, publice populo predicet et dicat alta et intelligibili voce, omni fraude cessante, quod figuram seu representacionem predictam non ostendunt ut verum sudarium Domini nostri Jhesu Xpisti, sed tanquam figuram seu representacionem dicti sudarii, quod fore dicitur ejusdem Domini nostri Jhesu Xpisti. Prefatas litteras et earum effectum, si voluntatem, ac statutum et ordinacionem nostram hujusmodi non servarent, carere viribus decernentes, prout in aliis nostris litteris plenius continetur. Nos itaque cupientes ut voluntas, ac statutum et ordinacio nostra predicta inviolabiliter observentur, discrecioni vestre per apostolica scripta mandamus quatinus vos vel duo, aut unus vestrum per vos vel alium seu alios voluntatem, statutum et ordinacionem prefatam, ubi et quando expedire videritis, auctoritate nostra solemniter publicantes, faciatis illa auctoritate predicta per censuram ecclesiasticam firmiter observari, contradictores censura simili, appellacione postposita, compescendo. Non obstante si eisdem decano et capitulo ac personis vel quibusvis aliis communiter vel divisim a Sede apostolica sit indultum quod interdici, suspendi vel excommunicari non possint per litteras apostolicas non facientes plenam et expressam ac de verbo ad verbum de indulto hujusmodi mencionem. — Datum Avinione, viii idus januarii, anno xii ⁶.

Archives du Vatican, Reg. Avign. 261, f° 259 v° (A).

En haut, à droite : ☒, soit 3 s sous Tournois de taxe;

en marge : x Correctum de mandato Jo. de Neapoli x. Mêmes corrections dans le texte de la première rédaction qu'à la pièce précédente.
Paris, Bibliot. Nation., fonds latin, ms. 10410, f° 113 v° (B). — Cf. Piano, op. cit., t. II, p. 286-7.

L

1er-11 Juin 1390,

Universis Xpisti fidelibus presentes litteras inspecturis, salutem, etc. Dum precelsa meritorum insignia, quibus Regina celorum, Virgo Dei genitrix gloriosa, sedibus preclara sidereis quasi stella matutina

⁶ A¹ Traditum et correctum iii kalendas junii, anno xii (H. Monachi) et R[egis tratum].

v. c.   3

prerutilat, devote consideracionis indagine perscrutamur, dum eciam *,
infra pectoris archana revolvimus quod ipsa utpote mater misericordie,
pietatis amica, generis humani consolatrix, pro salute fidelium, qui
delictorum onere pregravantur, sedula existit exoratrix et pervigil ad
Regem, quem genuit, intercedit; dignum quinymo debitum reputamus
ut ecclesias, ad sui honorem nominis dedicatas, graciosis remissionum
prosequamur impendiis et indulgenciarum muneribus relevemus. Cum
itaque, sicut accepimus, ad ecclesiam Beate Marie de Lireyo, Trecensis diocesis, in qua, ut asseritur, figura seu representacio sudarii Domini
nostri Jhesu Xpisti venerabiliter conservatur, causa devocionis eciam
representacionis hujusmodi confluat non modica populi multitudo, nos
cupientes ut ecclesia ipsa congruis honoribus frequentetur, et ut Xpis-
tifideles eo libencius causa devocionis confluant ad eandem, et ad fabricam ejusdem ecclesie prompcius manus porrigant adjutrices, quo ex
hiis ibidem uberius dono celestis gracie conspexerint se refectos, de
omnipotentis Dei misericordia et beatorum Petri et Pauli apostolorum
ejus auctoritate confisi, omnibus vere penitentibus et confessis, qui in
Nativitatis, Circumcisionis, Epiphanie, Resurreccionis, Ascensionis et
Corporis Domini nostri Jhesu Xpisti, ac Penthecostes, necnon in Nativitatis, Annunciacionis, Purificacionis et Assumpcionis predicte beate
Marie Virginis, et Nativitatis beati Johannis Baptiste, dictorum apostolorum Petri et Pauli, ac ipsius ecclesie dedicacionis festivitatibus,
ac in celebritate Omnium Sanctorum et per ipsarum Nativitatis, Epiphanie, Resurreccionis, Ascencionis et Corporis Domini, ac ipsius
beate Marie Nativitatis et Assumpcionis, ac Nativitatis beati Johannis,
ac apostolorum predictorum festivitatum octabas, et per sex dies dictam festivitatem Penthecostes immediate sequentes, prefatam ecclesiam
devote visitaverint annuatim, et ad fabricam ipsius manus porrexerint
adjutrices, singulis videlicet festivitatum et celebritatum unum annum
et quadraginta dies, octabarum vero et sex dierum predictorum diebus
quibus ecclesiam ipsam visitaverint et manus porrexerint adjutrices,
ut prefertur, quinquaginta dies de injunctis eis penitenciis misericorditer relaxamus. Ceterum ut omnia et singula *, que per eosdem fideles
pro relaxacionis hujusmodi gracia consequenda offerri contigerit vel

---

a *La minute, d'une cursive mal formée, porte par erreur* ecclesia ; *la bulle
dont il va être question impose cette correction* — b *Le scribe a renvoyé ici à
une autre pièce;* « Ut in illa pro capella de Va'boni supra scripta usque obtinere » ; *elle est au* f° 303 v°.

donari in usús ad quos oblata vel donata fuerint, integre convertan-
tur, sub interminacione divini judicii districtius inhibemus ne quis,
cujuscunque status, condicionis vel dignitatis existat, quicquam de
oblatis vel donatis ipsis sibi aliquathenus appropriet vel usurpet.
Si quis autem hoc attemptare presumpserit, non possit a reatu
presumpcionis hujusmodi ab aliquo, nisi apud Sedem apostolicam,
ac satisfaccione debita per eum de illis, que sibi appropriaverit,
realiter presens impensa, nisi in mortis articulo constitutus, absolu-
cionis beneficium obtinere *c*, Datum Avinione, kalendis junii, anno
duodecimo. Expeditum, III idus junii, anno XII°. (R. de Valle).

Archives du Vatican. Reg. Avign., 261, f° 309 v°. En haut,
à droite : $\frac{\overline{v}}{x}$, soit 17 sous Tournois de taxe. A gauche : « Jo. de Neapoli ».

M

(1472/1482).

A u Roy nostre souverain seigneur. Supplient tres humblement voz
povrés et tres humbles chapelains et orateurs en Dieu les doyen et
chapitre de l'eglise collégial Nostre Dame de Lirey, fondée en l'ouneur
et reverence de l'Annonciation d'icelle en la paroisse Saint Jehan de
Bonneval ou diocèse de Troyes, comme il soit ainsi que de grant
ancienneté icelle eglise a esté fondée et dotée de plusieurs beaulx droiz,
rentes et revenus, et aornée de plusieurs beaulx précieux sanctuaires
et joyaulx par feu de bonne memoire messire Jeuffroy de Charny, chevalier, en son vivant seigneur de Savoisy et dudict Lirey, entre lesquelz
aornemens, sanctuaires et joyaulx estoit le precieux et saint Suaire de
Nostre Seigneur Jhesu Crist ou representacion d'icellui, dont ladicte
eglise estoit moult decorée et valoit plus à icelle eglise les offrandes,
aulmosnes et oblacions des affluans illec par devocion et reverence
dudict Saint Suaire que le residu des autres sanctuaires ne autres fon-
dacions ; mais, au moyen dés guerres et divisions de ce royaume ayans
cours environ cinquante ans a, lesdictes rentes et revenus appartenans
à ladicte eglise sont diminuées en la plupart ; et mesmement pour et en
esperance de seurté furent lesdicts sanctuaires mis ès mains de feu
messire Humbert, conte de la Roche, seigneur de Villersexel et dudict

c La texte du f° 309 v° reprend ici.

Lirey, lequel les prind en garde, et par sa cédule s'obliga lui et ses
ayans cause rendre et restituer ausdicts doyen et chapitre lesdicts sanctuaires après les tribulacions de guerre cessées; et il soit ainsi que
depuis ledict feu messire Humbert est alé de vie a trespas, délaissant
feue madame Marguerite de Charny, lors contesse de la Roche et dame
dudict Lirey, vefve de luy, laquelle de Charny fut sommée et requise
par lesdicts supplians de la restitucion d'icellui sanctuaire et joyaulx;
et, parce que de prime face elle fut refusante d'iceulx restituer, a esté
mise en procès par devant le parlement de Dole, dont elle estoit sub-
jecte, et par sentence deffinitive ou arrest a esté condempnée envers
iceulx supplians de leur rendre et restituer tous lesdicts joyaulx et
sanctuaires, ce qu'elle fist, excepté ledict et précieux Suaire de Nostre
Seigneur Jhesu Crist, lequel Suaire [elle] ne veult rendre promptement;
mais s'obligà de icelluy Saint Suaire rendre et restituer ausdicts supplians et en ladicte eglise dudict Lirey à ses propres despens dedans le
jour de feste Saint Symon et Saint Jude second an ensuivant, qui fut
l'an mil IIII^c XLIX, et de ce passa lettres d'obligacion soulz le scel de
la court de Bezancon le mardi xviiie jour du mois de juillet après heure
de prime, l'an de Nostre Seigneur courant mil IIII^c XLVII, es mains
de Estienne Pexel, lors notaire juré en ladicte court, es presences de
plusieurs; et par icelle obligacion soubzmist et ypothequa à toutes juris-
dictions ses biens quelzconques et les biens de ses hers et ayans cause
lors presens et advenir, ce qu'elle n'a pas fait; et à ceste cause a esté
mise en procès par lesdicts supplians en la court ecclésiastique de
Besancon, et tant y a esté pusny qu'elle est encourue en sentence d'interdit et excommeniement; mais non obstant ces choses ladicte dame
Marguerite de Charny aliéna ledict Saint Suaire et le mist es mains de
feu bonne memoire en son vivant très hault et puissant prince monseigneur Loys duc de Savoye, père immediat de feu bonne memoire monseigneur le duc derrenier trespassé, cui Dieu absoille, et de très haulte
et puissante princesse la Royne vostre espose; par devers lequel feu
monseigneur Loys, lui estant à Paris l'an mil IIII^c LXIIII, lesdicts
supplians se tirèrent et l'advertirent et informèrent de ce que dit est,
en luy requérant restitucion dudict Saint Suaire, en luy remonstrant
l'inconvénient que lui povoit advenir de la détencion d'icelluy, en
regard que icelluy Saint Suaire est chose sacrée et dédiée à Dieu et à
ladicte eglise de Nostre Dame de Lirey, et que par l'aliénacion d'icelluy
la devocion que le peuple avoit au lieu estoit fort diminuée, et par
laps de temps se poroit discontinuer et diminuer le service divin, ou

grant préjudice d'icelle eglise, pour quoy ledict feu monseigneur Loys, meu de bonne devocion voluntaire, désirant rendre et restituer à ladicte église ledict sanctuaire, et aussi le service divin estre augmenté en ladicte église et participer en icelluy, par meure délibéracion de conseil en récompensacion d'icelluy joyal et sanctuaire, duquel il ne povoit lors fère prompte restitucion sans encorir ingratitude, fonda et dota ladicte église de Nostre Dame de Lirey en nouvelle fondacion de la somme de L. frans d'or papaulx, monnoye de Savoye, jusques à ce qu'il leur eust rendu ledict Saint Suaire, iceulx L. frans à prendre chascun an sur les revenus et émolumens de sa terre et seigneurie de Chas[teau Gaillard], près de Geneuve, à la charge de dire et celebrer chascun mois durant sa vie une messe haulte du Saint Esprit au grant autel de ladicte église, et, après son décès, une messe des trespassez avec les collectes à ce deues et accoustumées chascun mois ensuivant(?), ce que lesdicts supplians promistrent fère et accomplir; et ledict feu monseigneur Loys obliga et ypothéqua ladicte terre et seigneurie dudict Chasteau Gaillard et les revenus des appartenances d'icelle lors presens et advenir à paier à ladicte église ladicte somme de L. frans d'or chascun an au jour et terme de feste Saint Andry, dont le premier terme fut audict jour de feste Saint Andry mil IIII^c LXV; et peu de temps après et avant que lesdicts [supplians] aient aucune chose prins, levé ou perceu desdits L. frans d'or, ledict feu monseigneur Loys ala de vie à trespas, et par ainsi, néanmoins toutes poursuites et diligences faictes par lesdicts supplians, aux grans fraiz et cousts de ladicte égli[se de] Lirey, iceulx supplians n'ont peu recouvrer ne avoir ledict Saint Suaire, ne aussi recevoir aucuns deniers desdicts L. frans d'or de nouvelle fondacion, tant par la mort intervenue en la personne dudict feu monseigneur Loys, comme dit est, comme parce que les guerres ont eu pièça cours en ce royaume et de présent ont cours ou pays de Savoye, obstant lesquelles lesdicts supplians ne se sont osé adventurer d'aler ou envoier ou país de Savoye; et si ont néantmoins iceulx supplians tousjours entretenu et de jour en jour entretiennent le divin service, c'est assavoir les heures canoniales du jour, haulte messe et autres suffrages accoustumez, ja soit que, au moyen des poursuites, fraiz et despens soustenuz. par lesdicts supplians au moyen des choses dessus dictes, les revenus d'icelle église sont tellement diminuées qu'elles ne soroient entretenir ne rendre la vie honestement aux chanoines d'icelle s'ils ne trouvoient où avoient autre provision ou manière de vivre, et pour cause sont et demeurent lesdicts supplians deceuz, defraudez et frustrez d'icellui

Saint Suaire, ou grant grief, préjudice et dommage d'icelle église, desdicts su[pplians] et de leurs successeurs; que, ces choses considérées,
il vous plaise, très cher seigneur, en faveur de la Vierge Marie, donner
et confier par manière de provision à ladicte église Nostre Dame de
Lirey et ausdicts supplians seulement la revenue de la terre dudict Lirey,
qui est le lieu de la fondacion d'icelle église, et autres revenues assises
en vostre conté de Champaigne, qui jadis furent et appartindrent à ladicte feue madame Marguerite de Charny et desquelles elle estoit dame
propriétaire, possesseresse et détenteresse au jour et heure de son trespas; lesquelles on puet extimer par an xxx. livres Tournois au plus, jusques à ce que iceulx supplians puissent avoir pleine restitucion dudict
Saint Suaire ou paiement desdicts ʟ. frans d'or ainsi fondez par ledict
feu monseigneur Loys et des arréraiges qui en sont deuz; en regard que
à la culpe d'icelle feue dame Marguerite de Charny et par sa faulte
ledict Saint Suaire a esté ainsi retenu et aliéné en des tels mains que
d'icelluy n'ont peu lesdicts supplians avoir aucune reconnoissance, et
si avoit et a obligé tous ses biens meubles et immeubles lors présens et
advenir, acquestez et à acquester, pour estre contrainte à la reddicion
d'icelluy, car sans vostre bonne provision et ayde lesdicts supplians ne
poroient plus poursuir ne quereler ledict Saint Suaire par procès ne
autrement, obstant la povreté de ladicte église; et lesdicts supplians vous
tendront et advoueront comme fondateur d'icelle église, et se soubzmectront pour eulx et leurs successeurs dire et célébrer par chascun mois
une messe de Nostre Dame haulte au grant autel [d'icelle] église pour et
en faveur de vostre devocion; et ....,... tant en général comme en
particulier ilz prieront Dieu pour vous et pour vostre très noble lignée.

Archives départementales de l'Aube, fonds de Lirey,
9 G. 1. Copie conforme de l'archiviste, M. J. J. Vernier (du 22 août 1901), communiquée par M. Albert
Metzger, de l'académie de Savoie.

N

(1472/1482).

ʟoys, etc., aux bailliz de Sens, Troyes, Chaulmont ou leurs lieuxtenaqts, et à chascun d'eulx, si comme à luy appartiendra, salut,
Receu avons l'umble supplicacion de noz bien amez les doyen et chapitre de l'église collégiale Nostre Dame de Lirey, fondée en l'onneur
et réverence de l'Annonciacion d'icelle, assavoir en la paroisse de
Saint Jehan de Bonneval, ou diocèse de Troyes, contenant que de

grant anciènneté icelle église a esté fondée et dotée de plusieurs
beaulx droiz, rentes et revenus, et aornée de plusieurs beaulx
précieux sanctuaires et joyaulx par feu Joffroy de Charny, chevalier,
en son vivant seigneur de Savoisy et dudict Lirey, entre lesquelz
sanctuaires estoit le précieux et saint Suaire de Nostre Seigneur Jeshu
Crist ou representacion d'icellui, dont ladicte église estoit moult déco-
rée ; et valoient plus à icelle église les offrandes, aulmosnes et oblacions des affluans illec par devocion et reverence d'icellui saint Suaire
que le résidu des autres sanctuaires ne autre fondacion ; mais au
moyen des guerres et divisions de ce royaume ayans cours environ
cinquante ans a, lesdictes rentes et revenus appartenant à ladicte
église sont diminuées en la plupart ; et mesmement pour et en espérance de seurté [furent] lesdicts sanctuaires mis ès mains de feu
Humbert, en son vivant conte de la Roche, seigneur de Villarsexel et
dudict Lirey, lequel les prind en garde et par sa cédule s'obliga luy et
ses ayans cause rendre et restituer ausdicts doyen et chapitre lesdicts
sanctuaires après les tribulacions de guerre cessées ; et il soit ainsi que
depuis ledict feu Humbert est alé de vie à trespas, délaissant feue
dame Marguerite de Charny, lors contesse de la Roche et dame dudict
Lirey, vefve de luy, héritière immédiat du fondateur d'icelle église,
chargée de la garde desdicts sanctuaires, laquelle de Charny fut
sommée et requise par lesdicts supplians de la restitucion d'icelluy
(sic) sanctuaire et joyaulx ; et, parce que de prime face elle fut reffu-
[sante] d'iceulx restituer, a esté mise en procès par devant le parlement de Dole, dont elle estoit subgecte, et, par sentence définitive ou
arrest, a esté condempnée envers iceulx supplians de leur rendre et
restituer tous lesdicts joyaulx et sanctuaires, ce qu'elle fist, excepté
ledict saint et précieux Suaire de Nostre Seigneur Jhesu Crist, lequel
Suaire elle ne veult rendre promptement, mais s'obliga de icelluy saint
Suaire rendre et restituer ausdicts supplians en ladicte église dudict
Lirey à ses propres despens dedans le jour de feste Saint Symon et
Saint Jude second an ensuivant, qui fut l'an mil CCCCXLIX, et de ce
passa lettres d'obligacion soubz le seel de la court de Bezançon le
mardi XVIIIᵉ jour du mois de juillet après heure de prime, l'an de
Nostre Seigneur courant mil IIIIᶜ XLVII, ès mains de Estienne [Pexel],
lors notaire juré en ladite court, es presences [de] plusieurs ; et par
icelle obligacion soubzmist et ypothéqua à toutes juridictions tous ses
biens quelzconques et les biens de ses hers et ayans cause lors presens et avenir, ce qu'elle n'a pas fait ; et à ceste cause a esté mise en

procès par lesdicts suppliäns en la court ecclésiastique dudit Bezançon, et tant y a esté pusny qu'elle est encourue en sentence d'interdit
et d'excommeniement ; mais non obstant ces choses, ladicte Marguerite de Charny aliéna ledict saint Suaire et le mist ès mains de feu
Loys, duc de Savoye, père immédiat de feu duc derrenier trespassé, cui
Dieu pardoint, et de nostre très amée femme et espose la Royne ; par
devers lequel feu Loys, luy estant à Paris l'an mil IIIIᶜ LXIIII, lésdicts suppliäns se tirèrent et l'advertirent et informèrent de ce qui dit
est, en luy requérant restitucion dudict saint Suaire, en luy remonstrant l'inconvénient qui ly povoit advenir de la détencion d'icelluy,
en regard que icelluy saint Suaire est chose sacrée et dédiée
à Dieu et à la dicte église de Nostre Dame de Lirey, et que, par l'aliénacion d'icelluy, la devocion que le peuple avoit audict lieu de Nostre
Dame de Lirey estoit fort diminuée, et par laps de temps se porroit
discontinuer et diminuer le service divin, ou grant préjudice d'icelle
église ; pour quoy ledict feu Loys, meu de bonne dévocion voluntaire,
désirant rendre et restituer à ladicte église ledict saint Suaire et le
service divin [estre] augmenté en ladicte église, et participer en
icelluy, par meure délibéracion de conseil, en récompensacion
d'icelluy joyal et sanctuaire, duquel il ne povoit fère lors prompte rés-
titucion, fonda et dota ladicte église de Nostre Dame de Lirey en
novelle fondacion de la somme de L. francs d'or papaulx, monnoye de
Savoye, jusques à ce qu'il leur eust rendu ledict saint Suaire, à prendre chascun an iceulx L. francs sur les revenues et émolumens de sa
terre et seigneurie de Chasteau Gaillard près de Geneuve, à la charge
de dire et célébrer chascun mois durant sa vie une messe haulte du
Saint Esperit au grant autel et, après son decès, une messe des trespassez chascun mois ensuivans (?), ce que lesdicts suppliäns promistrent fère et accomplir ; et ledict feu Loys obliga et ypothéqua ladicte
terre et seigneurie de Chasteau Gaillard et les revenus et appartenances d'icelle lors présens et advenir à paier à ladicte église ladicte
somme de L. francs d'or chascun an au jour et terme de feste Saint
Andry, dont le premier terme fut audict jour de feste Saint Andry
mil IIIIᶜ LXV ; et peu de temps après et avant que lésdicts suppliäns
aient aucune chose prins, levé et perceu desdicts L. francs d'or,
ledict feu Loys ala de vie à trespas, et par ainsi, néantmoins toutes
poursuites et diligences faictes par lesdicts suppliäns aux grans fraiz
et coustes de ladicte église de Lirey, iceulx suppliäns n'ont peu recevoir ne avoir ledict saint Suaire ne aussi recevoir aucuns deniers

des[dicts] L. francs d'or de nouvelle fondacion, tant par la mort intervenue dudict feu Loys, comme dit est, comme parce que les guerres ont eu pieça cours en ce royaume et de présent ont cours ou païs de Savoye, obstant lesdicts supplians ne se sont osé advanturer d'aler ou envoyer oudict païs de Savoye ; et si ont néantmoins iceulx supplians entretenu et continué et de jour en jour entretiennent et continuent le divin service, est assavoir les heures canoniales, messes et autres suffrages acoustumez ; ja soit que, au moyen des poursuites, fraiz et despens soustenuz par lesdicts supplians à cause des choses dessus dictes, les revenues d'icelle église soient telement diminuées qu'elles ne soroient entretenir et rendre la vie honeste aux chan[oines] d'icelle s'ilz ne trouvoient ou avoient autre provision ou manière de vivre ; et par ainsi sont et demeurent lesdicts supplians deceuz, defraudez et frustrez d'icelluy saint Suaire, qui est ou grant grief, pré-'judice et dommage de ladicte église, desdicts supplians et de leurs successeurs en icelle, et pl[us] porroit estre se par nous ne leur estoit pourveu de nos gracieux remède et provision convenable, si comme ilz dient, en nous requérant humblement iceulx supplians que, attendu les choses dessus dictes et que par la faulte et culpe d'icelle feue Marguerite de Charny icelluy saint Suaire a esté retenu, aliéné, et......., et aussi que ladicte Marguerite avoit obligé et ypothéqué tous ses biens de leur en faire restitucion.................., *(La fin manque.)*

Mêmes archives et provenance.

O

23 avril 1533.

Dilecto filio Ludovico, tituli Sancti Cæsarei presbytero cardinali, nostro et Apostolicæ Sedis de latere legato. — Dilecte fili, salutem, etc. Accepimus quod alias ecclesia capellanata[a] nuncupata castri Chamberiaci, Gratianopolitan. diocesis, in qua pannum, Syndon nun-cupatum Salvatoris nostri Jhesu Christi, ut piè creditur, erat recon-ditum, incendio accensa, pannum prædictum quadam celeri occursione ex incendio hujusmodi, divina cooperante gratia, extitit sublevatum. Cupientes itaque omnibus Christifidelibus, qui forsan putant pannum hujusmodi in incendio prædicto omninò fuisse consumptum, illius præ-

[a] *Le texte porte* capella[ta]; *il faut lire* capella sancta.

servationem, si [omnino vera] sit, innotescere, ne ipsorum Christifidelium devotio tepescat ; circumspectioni tuæ per præsentes committimus, ut de præmissis te diligenter informes et si pannum prædictum ab hoc incendio præservatum repereris, id in loco ad hoc congruenti et honesto recondi, et cum debita veneratione teneri et custodiri ; et si forte ipsum pannum ex hujusmodi incendio aliquam læsionem passum fuerit, id ab aliquibus religiosis mulieribus arbitrio tuo eligendis resarciri facias ; super quibus omnibus plenam eidem circumspectioni tuæ per præsentes concedimus facultatem. Non obstantibus constitutionibus et ordinationibus apostolicis cæterisque contrariis quibuscumque. Datum Romæ, etc. die 23 aprilis 1533, anno x.

Archiv. du Vatican, armar, 39, t. 53, breve 177, p. 574-5
(copie de Contelori en 1641), Voir appendice Q.

P

LE quinsieme d'avril de l'année mille cinq cent trante quatre, le Serenissime duc de Savoye, et monseigneur le Legat, nous envoyerent devant vespre, messire Vesperis, thrésorier de la Sainte-Chapelle, accompagné de quelques autres chanoines, pour nous avertir de nous tenir prettes à recevoir le très Saint Suaire qu'on nous devoit apporter, pour le racommoder aux endroits où le feû l'avoit brulé.

La Révérande mere abbesse, nommé Louise De Jargin, aprais les avoir remercié, leurs fit réponce pour toutes la communauté, que nous etions pretes d'obeir aux ordres de Son Altesse et du Legat, quoi que nous fussions indignes d'etre employez à une action si sainte que celle la. Cependant on orna le cœur le mieux qu'on peut où praais vespres, on apporta la table où sur laquelle on avoit coutume de deployer cette sainte relique. Le landemain, sur les huits hœures du matin, on fit une procession generalle pendent que toutes les cloches sonnoient, en la quelle Mr le Legat portoit le saint Suaire, suivi de son Altesse, et de monseigneur l'évêque de Bellay, et de Mr le Suffregant ; outre le notaire apostolique, et plusieurs chanoines et eclesiastique, et la praincipale noblesse du payis ; aprais l'avoir reposée quelques tamps sur le grand autel de notre eglise, ils le porterent dans le cœur sur la table qu'il avoit dressé pour l'etandre.

Nous le recûmes en procession, les cierges allumés ; on le deploya sur
la table pour reconnoitre les androits où ils devoit etre raccommodé ; et
pour lors M^r le Legat demanda à tous les comtes et barons, qui étoit
présant si ce n'étoit pas le même Suaire qu'il avoit vêus autres fois.
Lesques aprais l'avoir diligenment examiné d'un costé et d'autre,
temoignerent que c'etoit le même ; dont les notaires appostolique pri-
rent acte, pendant que ceux la firent placé a d'autres gentils hommes,
eclesiastique et prelats, qui furent de même interogés ; aprais cela
M^r le Legat dit à notre Révérande mere de choisir quelquesunes de ces
religieuses pour le racommoder. Elle s'offrit, avec trois autres quelle
nomma, pour ij travailler ; puis elle donnerent toutes quatres leurs
noms au notaire en presance de toutes la noblesse. M^r le Legat ful-
minat excommunication majeure contre ceux [qui] le toucheroient, ors
les quatres choisies. Aprais cela le predicateur ordinaire de Son Altesse
fit un beau sermon du Saint Suaire devant la grille du cœur, laquelle
étoit toute ouverte, le predicateur étoit tourné du costé du peuples,
et sur la fain du discours ils loût le bref apostolique que Sa Saintété
avoit envoyé à son Altesse, par le quel ils permettoit aux pauvres filles
de l'Observance de Sainte Claire dans la ville de Chamberi de l'ajuster ;
la foule du peuples qui étoit accourüe pour voir cette précieuse relique étoit si grande qu'a paine pouvoit-on se tourner ; aprais la lecture
du bref, M^r le Legat nous recommanda d'en avoir un soin très exact,
et de prier Dieu qu'il nous fits la grace de faire cette sainte action
selon sa sainte volonté ; et nous ayant fait dire le *Confiteor* ils nous
donna à toutes l'absolution ; et ils se retirerent tous, à la reserve de
M^r le tresorier et de M^r le channoine Lembest, à qui son Altesse avoit
particulierement donné le soins du Saint Suaire ; l'aprais diné le bro-
deur apporta le bois du toillier pour serrer la toile d'Holande sur la
quelle on devoit mettre le Saint Suaire ; aprais les deux heures que la
toille fut arreté sur le toillier et sur les trefour, nous l'etandimes sur
le précieux Saint Suaire, et nous le cousime tour à tour à faufillet ; son
Altesse vien avec le Legat, et plusieurs prelats, channoine et gentil
hommes avant que nous eusions commancé de mettre les pieces des
corpaureaux aux endroits ou le fêu l'avoit gaté, ils nous demanda notre
sentiment touchant cette relique, mais nous suivimes tous les siens
par ce qu'il nous sembloit le plus raisonnable ; ils ij avoit un si grand
abort de monde a notre grille pandant qu'on travailloit qu'on ne pouvoit pas beaucoup faire ; ce qui obliga Mr Audinet, maitre d'hotel de
son Altesse, de prier le channoi[n]e Lambest de sortir souvant pour les

faire retirer; outres les gardes qu'on avoit misses pour empescher les
desordres, son Altesse ayant aprisse qu'il ly avoit si grande affluence de
peuples qu'il n'y avoit point de jours qu'on n'i vit plus de mille perssonnes; ce qui l'obligat de prandre la clef de la grille, la quelle néanmoins ils redonnoit souvant à son maitre d'hautel pour satisfaire le
saint desir d'un grand nombres de pelerins qui venoit de Rome et de
Jerusalem et de plusieurs autres payis eloignée; on leurs montroit le
Saint Suaire, avec plusieurs cierges allumée. Pandant que nous chan-
tions à genoüil le peuples crioit a haute voix misericorde, avec des sen-
timents de devotion qui ne se pouvoit pas exprimer; et ils sen retournoit
extrememant consolée, disant que c'etoit veritablemant le même qu'il
avoit vëu autres fois. Des le premier jour qu'on nous l'apportat, qui
se trouva le jeudy seissieme avril, on nous envoyat sur les sept à huits
heures du soir plussieurs gentils-hommes, lesquels aprais avoir salués la
Reverande mere et toute la communauté, luis dirent qu'il avoit ordre
de poser des gardes devant notre grille pour veiller pandant la nuit,
devant le Saint Suaire; et que quoi que son Altesse se fiat a nous, il le
faisoit pour le respects qui etoit deu à ce sacré gage de notre Sauveur
et pour eviter toutes sortes d'accident. Etant venu un grand nombres
d'etranger pour le voir, ils s'acquiterent de leurs commission et firent
ouvrir le drap de la grille. M^r le sindic amena ausi des perssonnes d'honneur pour veiller de même; nous tenions cependant toujour un grand
cierge allumée dans un bassin devant la Relique, où assistoint toujour
quatres des gardes, tenant des cierges allumée *(bis)*, se sucedant les
unes aux autres avec une si grande modesties qu'il sembloit plutôt à
des novices d'une Religion bien reformé qu'à des seculiers; notre
mere vicaire les remerciat de ce qu'il ne nous donnoit aucun empeche-
mant; à la quelle ils repondirent que son Altesse l'avoit ainsi ordonné;
ils nous presserent à diversse fois de nous aller un pêu reposer, a la
reserve de trois ou quatres qui pourroit veiller autour de ce sacré
depôts, mais nous ne pouvions pas nous en separer et nous avions
obtenu permission de notre Révérande mere d'i demeurer tant que
nous voudrions; si quelques unes se retiroit sur les dix ou onze heures,
elle se levoit à minuit, et assistoit toutes à matines, les autres alloient
seullemant reposer de deux à quatres, et même plusieurs veilloient
toute la nuit, avec une satisfaction inconcevable; tous nos entretiens
etoient avec Dieu, nous repassions la vuë sur toutes les playes san-
glantes de son corps sacré dont les vestiges paraissoit sur ce Saint
Suaire. Ils nous sembloit que l'ouverture du sacré costé comme la plus

eloquante du cœur nous disoit incessammant ces paroles : *O vos omnes qui transiti [s] per viam, attendite et videte si est dolor similis sicut dolor meus.* En efait nous voyons sur ce riche tableau des souffrances qui ne se sauroit jemais imaginer, nous y vimes encore les traces d'une face toutes plombé et toutes murtrie de coups; sa tête divine percé de grosses epines d'ou sortoit des ruiseaux de sang, qui couloit sur son front et se divisoient en divers rameaux, le revetoit de la plus précieusse pourpre du monde; nous remarquions sur le costé gauche du front une goute plus grosse que les autres et plus longue, elle serpente en onde, les soulcils paraissoit bien formez; les yeux un pêu moins ; le né comme la partie la plus éminante du visage est bien inprimé, la bouche est bien composée; elle est asses petite, les joûes enflées et defigurée montre asses qu'elle ont été frappée cruellement, et particulièrement la droite ; la barbe n'est ni trop longue, ni trop petite à la façon des Nazaréens ; on la voit rare en quelques endroit, parce qu'on l'avoit arraché en parties par mepris, et le sang avoit collé le reste ; puis nous vimes une longue trace qui descendoit sur le col, ce qui nous fit croire qu'il fut liś d'une chaine de fert en la prise au jardin des Olliviers; car il se voit enflée en divers endroits comme ayant été tiré et secouée ; les plombée et coups de foûets sont si frequant sur son estomac et sur les tetins qu'a paine y peut on trouver une place de la grosseur d'une pointe d'épingle exemte de coups ; elle se croixsoient toutes et s'etandoient tout le long du corps, jusqu'a la plante des pieds; le gros amas de sang marquent les ouvertures des pieds.

Du côsté de la main gauche, la quelle est très bien marqué et croisez sur la droite, dont elle couvre la blessure ; les ouvertures des cloux sont au milieu des mains longue et belle, d'où serpentent un ruiseau de sang depuis les côstés jusquo aux épaules ; les bras, qui sont asses long et beau, sont en telle disposition qu'il laissent la vûes entieres du ventre cruelemant dechiré de coups de foûets ; la plaije du divin côsté paroit d'une largeur suffissante à recevoir trois doits, entourré d'une trace de sang largé de quatres doits ; s'etréssissant en bas et longues d'environ demi pieds ; sur la seconde face de ce Saint Suaire qui represante le derriere du corp de notre Sauveur, on voit la nûque de la têste percé de longues et grosses epines, qui sont si frequantes qu'on pêu voir par là que la coronne etoit faite en chapeau, et non pas en cercles comme celles des princes et telle que les peintres la represantent ; lorsqu'on la considere attentivement, on voit la nuque plus tourmanté que le reste, et les epines plus avant enfoncés, avec des

grosses gouttes de sang conglutinés aux cheveux qui sont tous san-
glans ; les traces de sang sous la nuque sont plus grosses et plus visi-
ble que les autres, à cause que les batons dont ils frapoient la coronne
faisoient entrer les epines jusqu'au cerveau, en sortes qu'ayant reçû
des blessures mortelles c'etoit un miracle qu'il ne mouru pas sous les
coups. Elles se réouvrirent ausi par la secousse de la croix lorsqu'on la
mit dans son creux, et au paravant lors qu'on le fit tomber sur la croix
pour l'y clouer ; les epaules sont antieremant dechiré et moulüe de
coups de foüets qui s'étandent par tout ; les gouttes de sang paroisent
large comme des feuilles de marjolaine ; en plusieurs endroits ils l'y a
des grosses cassures a cause des coups qu'on lui donna ; sur le millieu
du corps on rémarque les vestiges de la chaine de fert qui le lioit si
etroitement à la collonne qu'il paroit tout en sang ; la diversité des
coups fait voir qu'il se servirent de diversses sortes de foüets, comme
de verges noüé d'ousires, de cordes de fert, qui le dechiroient si cruel-
lemant qu'an regardant pardessous le Suaire, lors qu'il étoit etandu
sur la toille d'Holande ou toillier, nous voyons les plaijes comme si
nous usions regardé à travers d'une vitre.

Toutes les sœurs le contemplerent fort attentivement avec une con-
solation qui ne se pêu pas exprimer, et nous voyons par ses beau vestiges comme veritablement ils étoit le plus beau des enfants des hommes, conformemant à la prophetie de David qui l'avoit predit dans un
de ses pseaumes. Pendant les quinze jours que cette précieuse relique
resta dans notre couvant, nous ne pumes trouver la commodité de
nous confesser pour pouvoir nous approcher du très auguste sacramant
de l'autel, et recevoir le Fils de Dieu pendant que nous avions devant
les yeux une partie de lui même en son image pointe de son propre
sang ; nous nous confessame enfin au tournet, le lundy et le mardy ; et
le mercredy nous satisfimes à notre devotion ; ce jour là son Altesse
devoit venir voir en quel etât le Saint Suaire etoit, mais craignant de
nous deranger, ils differa jusqu'au lendemain matin vers les sept heures, pour donner les ordres comme on l'enveloperoit dans le taffetat
viollet ; ce qu'ayant été fait on nous apporta des tapisseries, outres
celles que nous avions dejà ; et le vendredy on tendi tout le dedans et
le dehors ; et puis il fût arrecté que le lendemain on le viendroit prandre ; ce jour la, messeigneurs l'évêque de Bellay et le suffragant, et
plusieurs autres prélats, et d'autres eclesi(s)astiques et gentils hommes,
lesques regarderent ce que nous avions travaillé, et l'agréerent ;
aprais ils se leverent pour nous le faire voir ancore une fois ; an-

suite ils le plierent sur « le rouleau avec un voille de soye rouge, et
monseigneur vien en procession, tout comme lors qu'on nous l'avoit
aporté ; jusque antre les deux portes du couvent ; toutes les cloches de
la ville sonnerent, outres les trompettes, et les autres sinphonies ;
pour lors messeigneurs les Evèques couvrirent le Saint Suaire avec un
drap d'or, et l'emporterent et nous nous commancames toutes à chan-
ter l'himne *Jesus nostra redemptio*, nous avions toutes des cierges
allumés, avec toutes la vénerations possibles ; messeigneurs les Evèques
le remirent enfin à son Altesse qui les attendoit entre les deux portes.
Ils fût porté au chateau en grande solemnité, et nous demeurames
pauvres orphelines de celui qui nous avois si benignement visité en sa
sainte image.

‹ Ce qu'on sait de plus sur touchant le Saint Suaire de Turin, c'ets
que dans la decadence de l'empire des Grecs, les princes Francois
s'étant rendus maitre de Constantinople et de l'empire d'Orient, cette
précieuse rélique comme tant d'autres fut gardé dans cette ville impe-
rialle jusque vers la fin du douzieme siecle, que les empereurs de Constantinople en firent presant, à ce qu'on croi, aux princes de la maison
de Lusignan qui possedoient le royaume de Chypre. Jean III, dernier
roi de Chypre, etant mort en 1473, laissa les royaumes de Chypre, de
Jérusalem et d'Arménie à Charlotte sa fille unique, qui fu oronnée à
Nicosie reine des trois royaumes en 1458 ; mais pêu aprais Jacque, fils
naturel de Jean III, s'étant revolté, usurpa le Royaume et chassa la
Reine de tous ses Etats. Cette princesse se retira en Savoye, au prais
de Charle, duc de Savoye, son neveu, puis étant allé à Rome, elle fit
donnation de ses Royaumes à Charles, duc de Savoye son neveu, en
presance du pape et de plusieurs cardinaux ; Charlotte, en se retirant
en Savoye, avoit ammené avec elle la princesse de Charny sa parente,
qui etoit depositaire du Saint Suaire, qu'elle apporta et quelle conserva
comme par miracle, dit l'istoire ; car ses hardes parmi les quelles se
trovoit la riche cassette où étoit enfermé cette précieuse rélique
ayant été volée, les voleurs ayant voulu couper en deux le Saint Suaire
dans le partage qu'il faisoit du vol, l'un d'eux ne se fut pas plutôt mis
en état de le couper qn'il devien perclus de ses mains, et ils se sentir
saisir en même temp d'une maladie mortelle ; un de ses compagnons

---

¹ *D'abord dans.* — ᵇ *Ce qui suit a été écrit postérieurement, d'une autre plume
mais de la même main.*

s'étant emparé de ce drap sacré, mis tout en œuvre pour effacer
l'image du Sauveur qui y étoit imprimé, mais plus il le lavoit, et plus
la figure et les couleurs devenoient vives ; tant de merveilles touche-
rent les voleurs qui s'étant en fin convertis, rendirent enfin la rélique
précieuse.

On assure que le duc et la duchesse de Savoye obtinrent enfin, aprais
beaucoup de prieres, un si precieux présant qu'il deposerent dans
l'église de Chambery, capitale de Savoye, que le pape Paul II erigea
en collégiale en consideration de cette sacré rélique en 1467. Voilà
quelle est la premiere opinion touchant la déposition du Saint Suaire
dans la capitale de Savoye ; le Saint-Suaire fût depuis, à cause des
guerres, transporté à Verceil jusque à ce que aprais 26 ans il fût
raporté à Chambery jusque en 1578, que le duc Emmanuel Philibert
apris que saint Charles Borromée vouloit venir pour l'honnorer, le
fit porter à Turin, ou ils est gardé avec beaucoup de veneration.

Copie modernisée du xviiiᵉ siècle, passée du cabinet du
chanoine Ducis dans celui de M. l'abbé Bouchage,
aumônier à Chambéry.

Q

18 novembre 1670.

In causa Taurinen. institit apud sanctam Sedem apostolicam serenis-
sima Maria Joanna Margarita Sabaudiæ, ut plenariam indulgentiam, ii,
qui rite confessi et sacra communione refecti visitarent ecclesiam
Taurinensem, cum Sacra Syndon exponeretur, obtinerent. Non latuit
Sacram Congregationem, quam honorificentissime de Syndone Taurinensi locutus fuerit Baronius in *Annalibus* ad annum xxxiv. n. 138,
his verbis : « Permansit integra, divina operante virtute, illæsaque
hactenus Sanctissima Syndon illa, quæ corporis Domini nostri Jesu
Christi delibuta unguento in sepulchro posita fuit, veluti operimentum
et stratum, quæ in se imaginem in sepulchro Domini jacentis, expressit,
asservaturque summo honore in ecclesia Taurinensi ». De qua refert
etiam Spondanus ad annum mccccliii, num. 23 : « Pertinet quoque ad
historiam cladis Constantinopolitanæ, delatio Camberium Sabaudiæ,
Sacræ Syndonis, qua Christus in sepulchro involutus parte antica et
postica totius corporis sui imaginem, sanguine et unguentis ad vivum
expressit » ; et post pauca : « Cui dignæ recolendæ memoriæ Dux

sacellum marmoreum in arce sua construxit, unde postea ad majorem
securitatem translata est Taurinum, utrobique ingentibus coruscans
miraculis et peregrinatione fidelium, magnorumque etiam principum
frequentia ; cui diem sacrum Julius papa II. statuit quartum maii, et
in ejus sacello officium ejus ritu peculiari concessit ». De ea etiam
PINGONIUS Commentarium scripsit, cujus breviarium GUALTERIUS *Chro-
nologiæ* suæ inseruit Sæculo decimoquinto. De supradicta item Syndone videri possunt, quæ extant apud FERRANDUM *de Reliquiis* lib. I,
cap. i, art. 2, sect. i ; PALEOTTAM, MALLONIUM et RAYNALDUM in *Annalibus* ad an. MCCCCLIII, n. 17, et MDXXXIII, n. 62, qui affert literas Clementis VII. ad Ludovicum tituli Sancti Cæsarei presbyterum cardinalem,
et apostolicæ Sedis legatum, ubi inquit : « Accepimus, quod alias
capella sancta nuncupata castri Camberiaci, Gratianopolitanæ diœcesis,
in quo pannum, Syndon nuncupatum Salvatoris nostri Jesu Christi, ut
pie creditur, erat reconditum, incendio accensa, pannum prædictum
quadam celeri accursione, ex incendio hujusmodi, divina cooperante
gratia, extitit sublatum », etc. His tamen non obstantibus, Sacra
Congregatio Indulgentiarum censuit : Indulgentiam petitam posse
concedi, adhibita cautione Clementis VII. *ut pie creditur,* vel alia
consimili, certis diebus ab ipsamet Sacra Congregatione designandis
percipiendam : non tamen venerantibus illam, quasi germana esset
Jesu Christi Syndon, sed recogitantibus cruciatus Jesu Christi, præ-
sertim vero ipsius mortem et sepulturam.

THEODORUS A SPIRITU SANCTO, *Tractatus dogmatico-moralis de Indulgentiis*
(Romæ, 1743), t. II, p. 14.

Lyon. — Imp. A. REY et Cⁱᵉ, 4, rue Gentil. — 31963

www.ingramcontent.com/pod-product-compliance
Lightning Source LLC
Chambersburg PA
CBHW061652180626
46818CB00003B/1062